中崇信系列丛书之九

北京市农村集体资产清产核资100问解答

戴　琼　主编

中国财经出版传媒集团
中国财政经济出版社

图书在版编目（CIP）数据

北京市农村集体资产清产核资100问解答/戴琼主编．—北京：中国财政经济出版社，2018.8

（中崇信系列丛书；之九）

ISBN 978－7－5095－8434－7

Ⅰ.①北…　Ⅱ.①戴…　Ⅲ.①农村经济－集体经济－清产核资－北京－问题解答　Ⅳ.①F322－44

中国版本图书馆CIP数据核字（2018）第172915号

责任编辑：马　真　　　　封面设计：陈宇琰

中国财政经济出版社 出版

URL：http：//ckfz. cfeph. cn

E－mail：cfeph@ cfeph. cn

社址：北京市海淀区阜成路甲28号　邮政编码：100142

营销中心电话：010－88191537

天猫网店：中国财政经济出版社旗舰店

网址：https：//zgczjjcbs. tmall. com

固安华明印业有限公司印刷　各地新华书店经销

710×1000毫米　16开　13印张　170 000字

2018年8月第1版　2018年8月河北第2次印刷

定价：49.00元

ISBN 978－7－5095－8434－7

（图书出现印装问题，本社负责调换）

本社质量投诉电话：010－88190744

打击盗版举报热线：010－88191661　QQ：2242791300

前　言

农村集体经济是社会主义公有制经济的重要形式。发展农村集体经济是实现城乡共同富裕的重要保证，是促进农村市场经济发展的推动力。切实摸清集体资产家底，保护好资源性资产、盘活用好经营性资产、管护好非经营性资产，对于维护农村集体经济组织及其成员的合法权益，促进农村集体经济可持续发展具有重要意义。

2017 年 12 月 26 日，农业部等 9 部委联合下发《农业部 财政部 国土资源部 水利部 国家林业局 教育部 文化部 国家卫生计生委 体育总局关于全面开展农村集体资产清产核资工作的通知》（农经发〔2017〕11 号），部署全面开展农村集体资产清产核资工作，并要求在 2019 年底前基本完成。为此，北京市农村工作委员会、北京市农村合作经济经营管理办公室、北京市财政局等 10 部门联合下发《关于全面开展农村集体资产清产核资工作的通知》（京政农函〔2018〕26 号），要求本市从 2018 年开始，利用 2 年左右的时间全面开展农村集体资产清产核资工作，进一步摸清集体家底、明确产权归属、健全管理制度。

为帮助本市农村集体资产清产核资工作参与人员更好地了解本次清产核资的工作要求、提高工作效率、保障清产核资工作顺利进行，北京中崇信会计师事务所在北京市农村合作经济经营管理办公室的领导下，积极组织一线工作人员和有关专家编写了本书。为便于读者查阅，本书采用问答方式，将本次清产核资工作过程中有关人员提出的共性问题进行了逐一解答和分析。

本书共分为七部分。第一部分概述，对本次清产核资的指导思想、目标和意义等进行了解读；第二部分清产核资对象与范围，对本次清产核资的对象和清产核资范围进行了解答；第三部分和第四部分分别对资产、负债和所有者权益清查的步骤、清查的具体要求进行了详细解答；第五部分对产权界定和价值重估过程中可能遇到的问题进行了分析和解答；第六部分以案例的方式，对清产核资后账务如何调整进行了系统分析和解答；第七部分清产核资报表的填报，对本次清产核资需要填报报表的设计思路和每一报表具体填报要求逐一进行了说明。

在本书形成过程中，北京市农村合作经济经营管理办公室的相关领导和农业农村部的相关领导给予了鼎力支持和帮助，并对部分内容进行了修正；中国财政经济出版社的领导和编辑给予了极大的关心和支持，参与清产核资工作的一线工作人员付出了艰辛的努力，在此一并致谢！

戴琼于北京

2018年7月22日

目　录

第一部分　概述

1. 本次集体资产清产核资的指导思想是什么？

【解答】本次清产核资是为全面贯彻党的十九大精神，深入贯彻落实习近平新时代中国特色社会主义思想，以明晰农村集体产权归属、维护农村集体经济组织成员权利为目的，以未承包到户的资源性资产和集体统一经营的经营性资产，以及现金、债权债务等为重点，全面清查核实集体各类资产，摸清集体家底，健全管理制度，防止资产流失，为深化农村集体产权制度改革，盘活农村集体资产，发展新型集体经济，增加农民收入奠定坚实基础。

2. 本次集体资产清产核资工作的目标是什么？

【解答】本次集体资产清产核资工作要实现以下目标：

（1）摸清农村集体资产底数。开展集体资产清产核资是顺利推进农村集体产权制度改革的基础和前提。要对集体所有的各类资产进行全面清产核资，摸清集体家底，健全管理制度，防止资产流失。在清产核资中，重点清查核实未承包到户的资源性资产和集体统一经营的经营性资产以及现金、债权债务等，查实存量、价值和使用情况，做到账证相符和账实相符。对清查出的没有登记入账或者核算不准确的，要经核对公示后登记入账或者调整账目；对长期借出或者未按规定手续租赁转让的，要清理收回或者补办手续；对侵占集体资金和资产的，要如数退赔，涉及违规违纪的移交纪检监察机关处理，构成犯罪的移交司法机关依法追究当事人的刑事责任。清产核资结果要向全体农村集体经济组织成员公示，并经成员大会或者代表大会确认。

（2）明确集体资产所有权。把农村集体资产的所有权确权到不同层级的农村集体经济组织成员集体，并依法由农村集体经济组织代表集体行使所有权。属于村农民集体所有的，由村集体经济组织代表集体行使所有权。分别属于村内两个以上农民集体所有的，由村内各该集体经济组织代表集体行使所有权。属于乡镇农民集体所有的，由乡镇集体经济组织代表集体行使所有权。有集体统一经营资产的村（组），特别是城中村、城郊村、经济发达村等，应建立健全农村集体经济组织，并在村党组织的领导和村民委员会的支持下，按照法律法规行使集体资产所有权。集体资产所有权确权要严格按照产权归属进行，不能打乱原集体所有的界限。

（3）强化农村集体资产财务管理。清产核资结束后，要建立健全集体资产登记、保管、使用、处置等制度，实行台账管理。加强农村集体资金资产资源监督管理，加强乡镇农村经营管理体系建设。修订完善农村集体经济组织财务会计制度，加快农村集体资产监督管理平台建设，推动农村集体资产财务管理制度化、规范化、信息化。稳定农村财会队伍，落实民主理财，规范财务公开，切实维护集体成员的监督管理权。加强农村集体经济组织审计监督，做好日常财务收支等定期审计，继续开展村干部任期和离任经济责任等专项审计，建立问题移交、定期通报和责任追究查处制度，防止侵占集体资产。对集体财务管理混乱的村，区级党委和政府要及时组织力量进行整顿，防止和纠正发生在群众身边的腐败行为。

3. 本次清产核资有何意义？

【解答】本次清产核资的重要意义在于：

（1）农村集体资产清产核资是推进农村集体产权制度改革的重要基础。全面开展农村集体资产清产核资，将集体资产按照资源性、经营性、非经营性分类登记，实行台账管理，能够切实摸清集体家底，保护用好资源性资产，盘活用好经营性资产，管护用好非经营性资产，为进一步深化本市农村集体产权制度改革和构建归属清晰、权能完整、流转顺畅、保护严格的农村集体产权制度奠定坚实基础。

（2）农村集体资产清产核资是保障农民财产权益的客观要求。农村集体资产是郊区广大农民长期辛勤劳动积累的成果，是发展农村集体经济和实现农民共同富裕的物质基础。全面开展农村集体资产清产核资，把集体资产的所有权确权到相应的农村集体经济组织成员集体，通过稳步推进和不断深化改革，将集体资产以股份或份额的形式量化到集体成员，进一步完善和落实集体收益分配制度，有利于让农民共同分享集体经济发展成果，切实维护好农民财产权益，不断增加农民财产性收入。

（3）农村集体资产清产核资是加强集体资产财务管理的有力举措。当前，一些农村集体经济组织仍存在集体资产管理不规范、监督不到位、核算不准确、分配不公开、资产经营效率低等问题，农民群众对此反映强烈，迫切需要尽快加以解决。全面开展农村集体资产清产核资，查实集体资产存量、价值和使用情况，确保账证相符和账实相符，并建立健全集体资产登记、保管、使用和处置等各项制度，对加强和规范集体资产财务管理具有十分重要的作用。

4. 本次集体资产清产核资应坚持什么原则？

【解答】本次集体资产清产核资应坚持的基本原则：

一是坚持实事求是客观公正，统筹考虑历史原因和现实情况，明确集体资产产权归属，保持集体资产的完整性，维护集体经济组织及其成员财产权益。

二是坚持有序推进合理合法，先将农村集体资产现状摸清查实、记录在册，对有需要的进行价值评估，严格遵守相关法规政策和财经制度，确保清查核实结果真实准确。

三是坚持农民群众充分参与，依靠和发动群众，组织农民参与，接受农民监督，清查结果进行公示公开，得到全体农民群众认可。

5. 北京市农村集体资产清产核资主要依据的政策有哪些?

【解答】 农村集体资产清产核资主要依据包括：农业部 财政部 国土资源部 水利部 国家林业局 教育部文化部 国家卫生计生委 体育总局联合下发的《关于〈全面开展农村集体资产清产核资工作的通知〉》（农经发〔2017〕11号）、《农业农村部办公厅 自然资源部办公厅关于做好农村集体资产清产核资工作的补充通知》（农办经〔2018〕10号）、北京市农村工作委员会等10部门联合下发的《关于全面开展农村集体资产清产核资工作的通知》（京政农函〔2018〕26号）、《关于印发〈北京市农村集体资产清产核资报表（修订版）〉的通知》（京农经〔2018〕46号）、北京市农村合作经济经营管理站2010年4月28日下发的《北京市村合作经济组织会计制度实施细则》（农经发〔2010〕13号）等。

6. 北京市农村集体资产清产核资各部门职责范围及如何分工?

【解答】 根据《关于全面开展农村集体资产清产核资工作的通知》（京政农函〔2018〕26号）的规定，市农委负责工作方案制定、沟通协调、工作部署和组织监督检查；市农经办负责具体指导、数据核验、数据上报和信息平台建设等相关工作；市财政局负责工作经费保障、完善财务会计制度以及指导各区做好财政投资形成资产处理工作；市规划国土委负责土地等资源性资产调查成果利用、权属及清查数据确认工作；市水务局负责指导农村集体所属水务工程设施确认工作；市园林绿化局负责指导集体林地、林木等资产成果利用、权属及清查数据确认工作；市教委负责指导集体土地上建造的中小学、幼儿园校舍权属确认工作；市文化局负责指导村庄文化设施权属确认工作；市卫生计生委负责指导村庄卫生设施权属确认工作；市体育局负责指导村庄体育设施权属确认工作。

7. 农村集体资产清产核资的目的是什么？

【解答】根据农业部等 9 部委联合下发的《关于〈全面开展农村集体资产清产核资工作的通知〉》（农经发〔2017〕11 号）、北京市农村工作委员会等 10 部门联合下发的《关于全面开展农村集体资产清产核资工作的通知》（京政农函〔2018〕26 号）的文件精神，本次农村集体资产清产核资的目的是为贯彻落实《中共中央国务院关于稳步推进农村集体产权制度改革的意见》精神，切实摸清农村集体资产家底，理顺农村集体资产所有权关系，保护农村集体经济组织及其成员合法权益，防止集体资产流失，夯实农村集体产权制度改革基础。

8.《北京市农村集体资产清产核资实施细则》何时生效？

【解答】2018 年 6 月 8 日，市农委、市农经办等 10 部门联合印发了《关于全面开展农村集体资产清产核资工作的通知》（京政农函〔2018〕26 号），标志着北京市农村集体资产清产核资工作全面开展。同时发布了《北京市农村集体资产清产核资实施细则》，该细则规定“本实施细则自发布之日起施行”，即自 2018 年 6 月 8 日起生效。

9.《北京市农村集体资产清产核资实施细则》是 10 部门联合下发，具体由哪个部门负责解释？

【解答】2018 年 6 月 8 日，市农委、市农经办等 10 部门联合印发了《关于全面开展农村集体资产清产核资工作的通知》（京政农函〔2018〕26 号），《北京市农村集体资产清产核资实施细则》作为其附件 1，明确规定“本实施细则由北京市农村合作经济经营管理办公室负责解释”。

10. 农村集体资产清产核资的主要任务是什么？

【解答】本次农村集体资产清产核资的主要任务包括：

（1）清查核实资产。按照《北京市农村集体资产清产核资实施细则》和《北京市农村集体资产清产核资报表》的要求，全面开展农村集体资产清查。资源性资产清查要与土地、林地、草原等不动产登记、自然资源确权登记工作相衔接，充分利用已有登记成果、森林资源档案等，减少和避免重复劳动。农村集体经济组织所属企业，包括全资持有、直接或间接拥有半数以上表决权等能够控制的被投资企业，其资产也要纳入农村集体资产清产核资范围，并按照有关政策规定进行登记。按照上述口径，农村集体经济组织或村民委员会以农村集体资产投资形成的企业都应纳入本次清产核资范围。

（2）明确产权归属。根据不同集体资产的形成过程和历史沿革，从有利于管理实际出发，从兼顾国家与集体利益、维护农村社会稳定大局出发，按照尊重历史、兼顾现实、实事求是、依法依规的原则，将集体资产确权到相应的农村集体经济组织成员集体，不能打乱原集体所有的界限。对于政府拨款、减免税费等形成的资产，也要把所有权确到农村集体经济组织成员集体。

（3）健全管理制度。建立集体资产登记制度，按照资产类别建立台账，及时记录增减变动情况。建立资产保管制度，明确资产管理和维护方式以及责任主体等。建立资产使用制度，明确资产发包、租赁等经营行为必须履行民主程序，实行公开协商或招标投标，强化经济合同管理，清理纠正不合法、不合理的合同。建立资产处置制度，明确资产处置流程，规范收益分配管理。要按照本次清产核资口径，建立健全年度资产清查制度和定期报告制度，以后每年末结合全市农村集体资产产权年检工作，开展一次资产清查，及时掌握资产变动情况，清查结果及时上报，实行常态化动态管理。

（4）强化平台建设。加快实现本市现有农村集体“三资”监管平台与农业农村部农村集体资产监督管理平台的衔接，做好清产核资数据录入、校验、审核，逐级进行汇总上报。同时，将农村集体经济组织登记赋码、农村集体财务会计核算、农村集体产权制度改革等相关内容纳入平台管理，切实提高管理水平和效率，推动农村集体资产财务管理制度化、规范化、信息化。

11. 农村集体资产清产核资的工作有哪些要求?

【解答】根据《北京市农村集体资产清产核资实施细则》的规定，本次农村集体资产清产核资工作的具体要求包括以下内容：

（1）加强组织领导和经费保障。全面开展农村集体资产清产核资是党中央、国务院作出的一项重大决策部署。本市农村集体资产清产核资工作情况复杂，涉及面广，事关广大农民群众切身利益，必须加强组织领导。此项工作由市级统一安排，建立健全市级全面负责、区级组织实施、乡与村具体落实的领导体制和工作机制。相关区委区政府主要领导要亲自挂帅，切实加强组织领导，做到一级抓一级，层层抓落实。在清产核资中，要妥善处理好国家、集体与农民群众的关系，资产所有权主体与管护主体的关系，不良资产债务核销与集体资产真实完整准确的关系，确保农村社会和谐稳定。本次清产核资工作，原则上由农村集体经济组织自行组织开展，所需经费纳入市、区两级财政预算予以保障，市对区给予适当补助，确保清产核资工作稳妥有序推进。

（2）建立健全工作机构。本次农村集体资产清产核资工作由市农委、市农经办共同牵头，联合市财政局、市规划国土委、市水务局、市园林绿化局、市教委、市文化局、市卫生计生委、市体育局成立全市农村集体资产清产核资工作指导组，负责指导各区开展工作。各区要成立由区政府主要领导任组长、分管领导任副组长、相关部门负责同志参加的区级农村集体资产清产核资工作小组，明确职责分工，落实工作措施；各乡镇政府要建立健全专门工作机构；乡镇、村集体经济组织成立专门的清产核资工作小组。要建立工作联系制度，各区定期将工作进度、经验做法和重大问题向市农村集体资产清产核资工作指导组汇报。

（3）加强相关问题查处。清产核资工作中发现的问题要认真查处。对没有登记入账或者核算不准确的，要按照《北京市农村集体资产清产核资实施细则》有关规定及时登记入账或者调整账目；对长期借出或者未按规定手续租赁转让的，要清理收回或者补办手续；对侵占集体资金和资产的，要如数退赔，涉及违规违纪的移交纪检监察机关处理，涉嫌犯罪的移交司法机关处理。要结合此次清产核资工作，组织力量对集体财务管理混乱的村进行集中清理整顿，防止和纠正发生在群众身边的腐败行为。

（4）加强宣传培训和督导检查。各级农业农村等相关部门干部要深入基层，做好政策宣传，解读好政策精神和工作要求，正确引导和动员发动广大基层干部和农民群众理解、支持和参与清产核资工作。全面加强分级培训，市级负责对各区农业农村等相关部门及集体资产量大的重点乡镇的培训；各区负责对所属乡镇及集体资产量大的重点村的培训；各乡镇负责对辖区内全部村集体经济组织的培训。通过层层培训，准确掌握清产核资工作的政策、程序、方法，提升工作人员的政策水平和业务能力。加大督导工作力度，市农委和市农经办将联合市相关部门适时组成督导组赴各区进行督导，保障本市农村集体资产清产核资工作如期完成。

12. 农村集体资产清产核资的时间如何安排?

【解答】全市农村集体资产清产核资工作，自2018年开始，到2019年底结束。具体工作步骤安排如下：

（1）准备阶段（2018年6月底前完成）。主要由各区农委、区经管站会同区相关部门建立健全工作机构，结合本地实际和工作需要，研究拟定本区具体实施方案、工作细则等配套文件，规范清产核资程序、明确清产核资结果审批流程、细化清查明细表和登记表，并全面开展政策宣传和业务培训，为清产核资工作奠定基础。

（2）实施阶段（2019年6月底前完成）。2018年12月底前，主要由各区指导乡镇、村、组不同层级农村集体经济组织及所属企业，成立专门的清产核资工作小组，全面完成清产核资工作，分别填写《北京市农村集体资产清产核资报表》。2019年2月底前，各乡镇负责组织做好《北京市农村集体资产清产核资报表》校验核对工作，确认无误后报送区经管站；2019年4月底前，各区农委、经管站会同区相关部门负责组织做好清产核资数据审核，确认无误后报送市农经办；2019年6月底前，市农委、市农经办会同相关部门负责做好清产核资数据的最终校验，确认无误后由市农经办上报农业农村部，纳入农村集体资产监督管理平台进行管理，并逐步实现网络互联互通，与有关部门实现信息共享。

（3）总结阶段（2019年9月底前完成）。区农委、区经管站等相关部门组织开展监督检查和成果验收，针对清产核资中发现的问题，健全完善集体资产监督管理制度，编写工作总结报告，连同乡镇、村、组三级集体经济组织资产负债汇总表（组织）、资产负债汇总表（全资企业）、资产负债合并汇总表和资源性资产清查登记汇总表，以区政府名义报送市农委，市级相关部门组织开展监督检查和成果验收。

第二部分　清产核资对象与范围

13. 本次农村集体资产清产核资的对象具体包括哪些?

【解答】本次清产核资的对象是乡镇、村、组集体经济组织以及所属企业。所属企业，包括全资持有、直接与间接拥有半数以上表决权等能够控制的被投资企业。

对直接与间接不拥有半数以上表决权的被投资单位，不纳入本次清产核资范围，长期股权投资按账面余额清核。

对清产核资对象中的集体经济组织和全资企业，应将其名单、户数逐级上报农村经营管理部门，于2018年9月底前报北京市农村合作经济经营管理办公室。

14. 清产核资合并抵消和账务调整应注意哪些问题?

【解答】本次农村集体资产清产核资对象的确定中应注意：

（1）乡镇、村、组集体经济组织直接纳入清产范围；集体经济组织之间存在内部债权债务的，应当在汇总合并报表时予以抵消。

（2）全资持有的被投资企业，纳入清产核资范围，且应当合并报表、抵消债权债务；直接与间接拥有半数以上表决权等能够控制的被投资企业，纳入清产核资范围、按持股比例和被投资单位清核后的所有者权益调整长期投资和资本公积。

15. 如果村委会、村集体经济合作社、村股份经济合作社和集体经济组织登记为企业的都有账，如何确定填报单位？

【解答】如果村委会、村集体经济合作社、村股份经济合作社和集体经济组织登记为企业的都有账，或其中两个有账的话，要把账目进行合并，作为一个填报单位，填报清产核资表格。

16. 我公司是乡集体经济所属集团公司，我们属于四级全资子公司，是否应当纳入清产核资范围，是否作为独立清产核资对象？

【解答】根据市农委、市农经办等10部门联合印发《关于全面开展农村集体资产清产核资工作的通知》（京政农函〔2018〕26号）文件规定，本次清产核资的对象包括乡镇、村、组集体经济组织，以及全资持有、直接与间接拥有半数以上表决权等能够控制的被投资企业。因此，全资子公司应当纳入清产核资范围，但你公司清产核资报表的填报，根据《关于印发〈北京市农村集体资产清产核资报表（修订版）〉的通知》（京农经〔2018〕46号）的要求，同级集体经济组织有多个核算单位的，合并为一个填报单位上报数据；农村集体经济组织所属二级及以下全资企业与一级企业合并抵消后，由一级全资企业作为填报单位上报数据。

17. 本次农村集体资产清产核资的范围包括哪些？

【解答】本次农村集体资产清产核资的范围具体包括：

（1）农民集体所有的土地、森林、山岭、草原、荒地、滩涂等资源性资产；

（2）用于经营的房屋、建筑物、机器设备、工具器具、农业基础设施、农村集体所属水务工程设施；集体投资兴办的企业及其所持有的其他经济组织的资产份额、无形资产等经营性资产；

（3）用于公共服务的教育、科技、文化、卫生、体育等方面的非经营性资产。

重点清查核实未承包到户的资源性资产和集体统一经营的经营性资产以及现金、债权债务等。

18. 本次农村集体资产清产核资登记时点是什么？

【解答】本次清产核资的登记时点为：2017 年 12 月 31 日。

19. 农村集体资产清产核资具体工作程序如何安排？

【解答】本次清产核资的工作程序包括：账务清理、清查核实、公示确认、建立台账、审核备案、汇总上报、纳入平台管理等操作程序。

（1）账务清理，是指对企业的各种银行账户、会计核算科目、各类库存现金和有价证券等基本财务情况进行全面核对和清理，以及对企业的各项内部资金往来进行全面核对和清理，以保证企业账账相符，账证相符，促进企业账务的全面、准确和真实。

（2）清查核实，是指对集体经济组织对各项资产和负债进行全面清理、核对和查实。在清查核实中，要把实物盘点同核实账务结合起来，要把清理资产同核查负债和所有者权益结合起来，要把资产清查和产权界定结合起来，重点做好各类应收及预付账款、各项对外投资、账外资产的清理，以及做好企业有关抵押、担保等事项的清理。

产权界定，是指清产核资工作（领导）小组应根据《物权法》和《意见》要求，把农村集体资产的所有权确立到不同层级的农村集体经济组织成员集体，并依法由农村集体经济组织代表集体行使所有权；集体经济组织资产所有权界定工作由区级政府组织实施；

资产估价与价值重估，集体经济组织成员集体所有的未纳入会计核算或无原始凭证的资产要进行资产估价。价值重估，是对企业账面价值和实际价值背离较大的固定资产或流动资产按照国家规定方法、标准进行重新估价。资产估价和价值重估须经成员或股东（代表）大会民主讨论决定。一般由集体经济组织自行开展，民主讨论确定估价方法，作为记账凭证入账，任何组织和个人不得随意估价处置资产。确有需求的，要聘请有资质的专业机构参与，其结果需经成员或股东（代表）大会民主表决通过。

（3）公示确认，是指按照集体资产的归属，分别对核实后的集体资产逐项在规定的公示区域进行公示，公示期一般不短于7天；公示期间，清产核资工作（领导）小组要接待集体经济组织成员的咨询和反映，并认真做好记录和解释工作。对集体经济组织成员提出异议的，要认真进行核实。公示期满后，应按照规定召开集体经济组织成员（代表）大会会议，对集体资产清查核资结果进行确认。

（4）建立台账，是指集体经济组织应根据公示确认后的清产核资结果，按照《农村集体资产清产核资报表》的要求，建立健全资产管理台账，及时记录增减变动情况。

（5）审核备案，是指各级集体经济组织应根据公示确认后的清产核资结果，由集体资产清产核资工作（领导）小组负责人签字盖章后，按照集体资产归属，报上一级乡镇农村经营管理部门审核并备案。

（6）汇总上报，是指各级集体经济组织将经审核后的清产核资结果，按照集体资产权属关系，分别填报《农村集体资产清产核资报表》，逐级汇总上报。即各村民小组应将村民小组集体经济组织及全资企业清产核资结果汇总上报村级；村级再将村集体经济组织及全资企业和各组清产核资结果汇总上报乡经管站；乡经管站应将乡镇集体经济组织及全资企业和各村清产核资结果汇总上报区经管站（农经办），区经管站（农经办）汇总本区域各乡镇汇总结果，会同有关部门审核无误后，上报市农经办；市农经办汇总本区域各区清产核资结果，以北京市政府名义上报农业农村部。

（7）纳入平台管理，是指按照审核确认的《农村集体资产清产核资报表》，将清查核资结果录入统一开发的集体资产管理平台，以便后期动态监管。

20. 农村集体资产清产核资操作过程中，如何采用倒轧方式？

【解答】本次清产核资的操作方式是：以登记时点为基点，在清查日采取倒轧的方式，对清查核实结果进行调整。以清产核资登记时点的账簿记录情况作为账面数；清查核实结果倒轧调整到登记时点数作为核实数。即核实数 = 清查时点数 - 登记时点后新增数（已入账 + 未入账） + 登记时点后减少数（已入账 + 未入账）。

【案例】2017 年 12 月 31 日，某集体经济组织应收账款账面余额 300 万元。2018 年 1 月至 7 月收回应收账款 180 万元；2018 年 1 至 7 月新发生应收账款 100 万元，此外，7 月份有一笔赊销收入 10 万元尚未收回也未入账，截止 2018 年 7 月 31 日，账面余额为 220 万元。8 月 5 日通过对债务人发函询证，核实可以收回的应收账款余额为 228 万元。清产核资开始日至回函日应收账款无发生额，如何处理？

【案例分析】首先确定清产核资时点账面数（即 2017 年 12 月 31 日应收账款余额） = 300 万元。

其次进行账务清查，将应入账但未入账且未收回的应收账款登记入账，2018 年 7 月 31 日余额应 = 220 + 10 = 230（万元）。

核实数 = 清查时点数 - 登记时点后新增数 + 登记时点后减少数

=228 - （100+10） +180=298（万元）；即清查核实减少数为2万元。

21. 北京市农村工作委员会等10部门下发的《北京市农村集体资产清产核资实施细则》中规定的资产清查内容，为何与农业部下发的《农村集体资产清产核资办法》中规定的内容不完全相同？

【解答】为便于清产核资工作的具体落实和降低清产核资工作量，必须尽可能地充分利用现有会计基础工作。农业部、财政部等9部委联合下发的《关于〈全面开展农村集体资产清产核资工作的通知〉》（农经发〔2017〕11号）所附《农村集体资产清产核资办法》和《农村集体资产清产核资报表》，作为全国范围的操作规范，其所规定的资产清查内容和填报内容，是依据农业部于2004年9月30日下发的《村集体经济组织会计制度》核算内容和会计科目为基础，经过适当调整而确定的。而北京市农村工作委员会等10部门下发的《关于全面开展农村集体资产清产核资工作的通知》（京政农函〔2018〕26号）所附《北京市农村集体资产清产核资实施细则》和《北京市农村集体资产清产核资报表》，作为北京市行政区域内清产核资工作操作规范，必须结合本区域实际情况，其所规定的资产清查内容和填报内容，是依据北京市农村合作经济经营管理站于2010年4月28日《北京市村合作经济组织会计制度实施细则》，并在此基础上结合农经发〔2017〕11号的要求，经适当调整而形成的。由于所依据的会计制度不同，所以体现在资产清查的具体会计科目和填报表式上必然存在一定差异，但其所包含的实质内容是一致的。

22. 纳入本次清产核资对象所采用的会计制度不同，如何处理？

【解答】由于北京地区农村集体经济组织发展状况不同，占有、使用农村集体资产的组织机构不同，其所执行的会计制度往往不同，如村集体经济组织所执行的是《北京市村合作经济组织会计制度实施细则》；而集体经济组织所属的一部分企业执行《小企业会计准则》及其相关规定，另一部分大型企业或企业集团，则往往执行《企业会计准则》及其相关规定。根据北京市集体经济总量的构成特点，本次清产核资中，北京市农村工作委员会等10部门下发的《北京市农村集体资产清产核资实施细则》和《北京市农村集体资产清产核资报表》所规定的资产清查内容和填报内容，是依据北京市农村合作经济经营管理站于2010年4月28日下发的《北京市村合作经济组织会计制度实施细则》，并在此基础上结合农经发〔2017〕11号的要求，经适当调整而形成的。

因此，无论是执行《北京市村合作经济组织会计制度实施细则》、《小企业会计准则》、《企业会计准则》及其相关规定的企业、还是执行其他会计制度的单位，均应当按照《北京市农村集体资产清产核资实施细则》的要求和《北京市农村集体资产清产核资报表》的填报方法，结合本经济组织的实际情况，按照经济业务的实质，将相关会计科目核算的经济业务分析填报在《北京市农村集体资产清产核资报表》对应的报表中。

第三部分　集体资产清查

23. 本次清产核资工作的资产清查具体包括哪些内容?

【解答】 按照农业部等 9 部委联合下发的《农村集体资产清产核资办法》(农经发〔2017〕11 号附件 1) 的要求和《农村集体资产清产核资报表》(农经发〔2017〕11 号附件 2) 的分类标准，本次集体资产的清查内容包括流动资产清查、农业资产清查、长期投资清查、固定资产清查、资源资产清查及其他资产清查。

为便于数据汇总上报，北京市农村工作委员会等 10 部门下发的《北京市农村集体资产清产核资报表》沿袭了《农村集体资产清产核资报表》的分类标准，但在资产清查的具体会计科目上，按照北京市农村集体经济组织执行的《北京市村合作经济组织会计制度实施细则》使用科目进行了适当调整。

24. 流动资产清查具体包括哪些内容?

【解答】《农村集体资产清产核资办法》(农经发〔2017〕11 号附件 1) 规定，流动资产清查包括现金、银行存款、短期投资、应收款项、存货等。各省、自治区、直辖市可依据该办法结合本地实际制定实施细则，北京市农村工作委员会等 10 部门下发的《北京市农村集体资产清产核资实施细则》(京政农函〔2018〕26 号) 所附件 1) 规定，流动资产清查，包括库存现金、银行存款、其他货币资金、短期投资、应收及预付款项、存货等。

具体清查的会计科目包括库存现金、银行存款、其他货币资金、短期投资、应收账款、预付账款、应收股利、应收利息、其他应收款、在途物资、原材料、库存商品、发出商品、商品进销差价、委托加工物资、农产品、消耗性生物资产。

25. 库存现金如何清查？

【解答】现金清查的具体要求包括：

（1）检查现金日记账、总账、会计凭证、会计报表构成的现金项目，核对账账、账证、账表是否相符。

（2）盘点清查日实有库存现金，填写现金盘点表。

（3）同一填报单位、未统一存放库存现金的，应将各处存放的库存现金合计数与账面余额进行核对。

（4）如果企业存在账外“小金库”情况，需将“小金库”的现金同时纳入清查范围，填列至清查登记表中的“现金盘盈”，同时备注说明。

（5）若有充抵库存现金的借条、未提现金支票、未作报销的原始凭证，需备注说明。

（6）将实盘现金倒扎至清产核资基准日①的余额与原账面数与盘点数比较，核对账实是否相符。

（7）如库存现金经过倒扎后与账实不符，或账账、账证、账表不符，应查明原因，属于会计技术差错的，应调整相关账务资料。

（8）如果清查发现有现金长款或短款的，应如实填列清查登记表中的“盘盈”、“盘亏”，并查明原因、在清查登记表中进行备注说明。

（9）对于非记账本位币的现金，检查其采用的折算汇率是否正确。

（10）库存现金的清查以财务部门为主，具体清查工作由出纳

---

① 本书清产核资基准日即清产核资登记日或清产核资登记时点，均指 2017 年 12 月 31 日。

人员进行，相关会计人员实施监盘，财务负责人进行审核。

26. 银行存款如何清查?

【解答】银行存款清查的具体要求包括：

（1）检查银行存款日记账、总账、会计凭证及会计报表构成的银行存款余额，并核对账账、账证、账表是否相符。

（2）清查核对各单位清产核资基准日在金融部门（包括在银行和非银行金融机构）开立的基本账户、一般账户、结算账户、基建专户、房改资金专户、土地补偿款专户等信息与账面记录是否相符。

（3）清查核对银行存款账面余额与开户银行或其他金融机构出具的银行对账单余额是否相符。

如银行存款日记账与对账单有差额，且属于未达账项所致，应逐笔落实未达账项的形成原因、时间、金额以及资产清查基准日后的进账情况，对长期挂账的未达账项应查明原因，或取得相关依据后进行处理。

如银行存款日记账与对账单有差额并且非未达账项所致，应查找真实原因，及时调整账面记录；对长期挂账的未达账项应查明原因，并在清查登记表中进行备注说明。

（4）清理“银行存款”科目中属于“其他货币资金”核算的内容。如存在外埠存款、银行汇票存款、银行本票存款、信用卡存款、信用证保证金存款、存出投资款等仍在“银行存款”科目中核算的情况，应填列至清查登记表的“其他货币资金”。

（5）对大额的定期存款或限定用途的存款，应查明情况，在清查登记表中进行备注说明。

（6）对于非记账本位币的银行存款，检查采用的折算汇率是否正确。

（7）清查工作以财务部门为主，取得银行对账单、核对银行存款总账和日记账、编制银行存款余额调节表，检查未达账项的真实性，逐笔落实未达账项的形成原因、时间、金额。

27. 其他货币资金如何清查？

【解答】其他货币资金清查具体要求包括：

（1）检查其他货币资金日记账、总账、会计凭证及会计报表构成的其他货币资金余额，并核对账账、账证、账表是否相符。

（2）清查核对清产核资基准日其他货币资金包含的全部内容（如外埠存款、银行汇票存款、银行本票存款、信用卡存款、信用证保证金存款、存出投资款、在途货币资金等）。

（3）其他货币资金中是否存在已支付款项未进行会计处理的事项，如经济事项发生于清产核资基准日之前，应及时调整账面记录。

（4）在途资金要按账面值与所属各单位、上级主管部门的汇款通知单核对，落实在途资金的真实性以及是否存在在途资金长期挂账的现象。

（5）清查工作以财务部门为主，具体清查工作由出纳人员、其他财务人员及其他相关责任人（如外埠采购存款专户经管人、本票及汇票持有人、信用卡持有人等）共同进行。

（6）对于非记账本位币的其他货币资金，检查其采用的折算汇率是否正确。

28. 短期投资如何清查？

【解答】短期投资清查的具体要求包括：

（1）检查短期投资明细账、总账、会计凭证及会计报表构成的短期投资余额，并核对账账、账证、账表是否相符。

（2）清查核对各种短期投资（包括：各种股票、债券、基金及其他投资期不超过一年的投资类资产）账面余额与投资协议或合同的记载、原始凭证记载是否相符，核实短期投资的真实性，相关投资收益的完整性。

（3）根据投资协议或合同，查清各种短期投资的投资对象、投资时间、投资金额、合同利息率、投资期限、出资形式等。

（4）取得股票、债券及基金账户对账单，与账面余额进行核对。

（5）盘点库存有价证券，与账面余额进行核对。

（6）对在外托管或保管的有价证券，查阅托管或保管的协议或证明文件，向托管人或者保管人进行函证，核实所有权人、交易明细、账户余额等信息。

（7）检查有无不以短期交易获利为目的的项目，调整至长期股权投资或长期债权投资进行账务核算和清查登记。

（8）清查工作以财务部门为主，会同其他相关专业部门（如投资管理部门）及保管人等相关人员共同清查。

29. 应收账款如何清查？

【解答】应收账款清查的具体要求包括：

（1）核对截止清产核资基准日的应收账款，包括：应收工程款、销货款、提供劳务等款项的明细账、总账、会计凭证及会计报表构成的应收账款余额，并核对账账、账证、账表是否相符。

（2）清理该科目是否存在不属于工程结算、销售货物、提供劳务等主营业务和其他业务而形成的往来款项，若有应调整至“其他应收款”科目核算。

（3）根据账龄分析，对长期挂账的应收账款应查明原因，并在清查明细表中进行说明。

（4）清查应收账款是否已充当抵押品，并在清查明细表中做出说明。

（5）同一债务人因业务往来欠款、还款滚动发生情况下，运用

“先欠款，先偿还”的账龄分析原则，分析应收账款余额的账龄构成，检查应收账款的账龄分析结果是否正确。

（6）清理分期收款业务，按合同要求是否存在清产核资基准日前应确认收入、往来账的事项，若有应及时进行账务处理，调增清产核资基准日应收账款的账面余额。

（7）对于清产核资基准日已办理工程结算、销售的货物、提供的劳务而未确认收入、收取款项的情况，应依据协议、合同、有效的结算和销售凭据及时确认收入，调增清产核资基准日应收账款的账面余额。

（8）清理预收账款中是否有与应收账款属于同一客户、同一性质业务、挂同一明细科目的情况，若有应进行重分类调整，避免资产与负债同时虚增。

（9）对于应收账款应该采取面询、发函等方式逐一与外部单位和个人进行核对，取得书面核对凭证，查清债务人、金额、形成原因、到期时间和审批人等。

（10）对登记日应收未收的款项，按照权责发生制原则，依据合同、协议或政策文件确认，并取得债务人书面同意。

（11）对有争议的债权，要查证、核实，明确债权关系。

（12）对因债务单位撤销，或债务人死亡，且既无遗产清偿，又无义务承担人等原因，确实无法收回的款项，要明确责任，按照有关规定进行核销。

（13）因诉讼等原因处于不确定状态的债权，须单独说明。

（14）对非记账本位币结算的应收账款，检查其采用的折算汇率是否正确。

（15）应收工程款、销货款、提供劳务等款项的清查工作以财务部门和经营（销售）部门为主，其他相关部门和人员配合进行。

30. 预付账款如何清查?

【解答】预付账款清查的具体要求包括:

(1) 核对截止清产核资基准日的预付账款,包括:采购商品、货物、原材料、购买劳务预付的款项、在建工程预付的工程款等的明细账、总账、会计凭证及会计报表构成的预付账款余额,并核对账账、账证、账表是否相符。

(2) 对超过一年的预付账款进行清理,如交易已中断或无法执行遗留的预付账款应转入“其他应收款”核算。

(3) 运用“先采购,先销账”的原则,分析预付账款余额的账龄构成,检查预付账款的账龄分析结果是否正确。

(4) 检查长期挂账款项的原因,区分预付账款的业务内容(预付工程类和预付经营类)进行填列,并在清查明细表中说明。

(5) 如有确凿证据表明其不符合预付账款性质,或者因供货单位破产、撤销等原因已无望再收到所购货物的,应将原计入预付账款的金额转入其他应收款进行核算,并在清查明细表中进行说明。

(6) 对时间较长,因采购发票长期未到或丢失而无法销账的预付账款,应查清事实并提供情况说明,经批准后进行账务调整。该类事项会造成虚假的实物盘盈;或与“应付账款”重复列示,同时虚增资产和负债。

(7) 预付账款的清查由财务部门牵头,相关部门和人员配合,根据预付账款的性质、用途,清查工作要落实到经办部门和经办人员。

31. 应收股利如何清查?

【解答】应收股利清查的具体要求如下:

(1) 核对截止清产核资基准日的应收股利,包括:应收取的现金股利、应收取的其他单位分配的利润等的明细账、总账、会计凭证及会计报表构成的应收股利余额,并核对账账、账证、账表是否相符。

（2）按照投资协议、投资性质、预计投资期限、被投资单位报表、股东会（董事会）决议等，对于清产核资基准日前应收回的股利应加紧催收，及时入账。

（3）将“应收股利”科目中属于再投资性质的款项应调入“短期投资”“长期股权投资”“长期债权投资”等科目核算。

（4）清理“应收股利”科目中属于工程结算、销售货物、提供劳务等形成的往来款项，应转入“应收账款”科目核算；将属于应收利息性质的款项转入“应收利息”科目核算。

（5）对“应收股利”科目的明细科目中，名称有问题或内容不明确的应认真清理，查明原因，做出相应账务调整。

（6）核实应收股利的可收回性，有无对方单位破产或者死亡的，以及破产财产或者遗产清偿后仍无法收回，或者对方单位长期未履行偿债义务的情况，对这些情况所形成的原因及采取的措施需在清查登记表中进行备注说明。

（7）对于应收股利应该采取发函询证的方法进行对账，并关注未回函或回函不符的情况，作出相应记录。

（8）对长期挂账的应收股利应查明原因，并在清查登记表中进行备注说明。

（9）关注检查应收股利是否属于实质为潜亏挂账的款项。潜亏挂账一般是指支出的现金已经流出，该支出已经取得支出凭据，或虽未取得支出凭据但预计该支出在基准日后不会给单位带来任何现金流入，或该支出的受益期已经结束，但未列入损益的项目。

（10）应收股利的清查由财务部门牵头，投资部门等相关部门配合，清查工作要落实到经办部门和经办人员。

32. 应收利息如何清查？

【解答】应收利息清查的具体要求如下：

（1）核对截止清产核资基准日的应收利息，包括：应收的分期付息、到期还本的债券投资利息；其他分期付息的长期债权投资利息；但不包括到期一次性还本付息的债券投资利息的明细账、总账、会计凭证及会计报表构成的应收利息余额，并核对账账、账证、账表是否相符。

（2）按照借款协议、借款意向及债务人信用，对于清产核资基准日前应收回的利息应加紧催收，及时入账。

（3）将“应收利息”科目中属于股权投资性质的收益调入“应收股利”“长期股权投资”等科目核算。

（4）清理“应收利息”科目中属于工程结算、销售货物、提供劳务等形成的往来款项，应转入“应收账款”科目核算。

（5）对“应收利息”科目的明细科目中，名称有问题或内容不明确的应认真清理，查找真实原因，调整账簿或在清查登记表中备注说明。

（6）对于外部应收利息应该采取发函询证的方法进行对账，并关注回函不符的情况，作出相应记录。

（7）对长期挂账的应收利息应查明原因，并在清查登记表中进行备注说明。

（8）核实应收利息的可收回性，有无对方单位破产或者死亡的，以及破产财产或者遗产清偿后仍无法收回，或者对方单位长期未履行偿债义务的情况，对这些情况所形成的原因及采取的措施需在清查登记表中进行备注说明。

（9）关注检查应收利息是否属于实质为潜亏挂账的款项。潜亏挂账一般是指支出的现金已经流出，该支出已经取得支出凭据，或虽未取得支出凭据但预计该支出在基准日后不会给单位带来任何现金流入，或该支出的受益期已经结束，但未列入损益的项目。

（10）应收利息的清查由财务部门牵头，相关部门配合，根据应收利息的性质、用途，清查工作要落实到经办部门和经办人员。

33. 其他应收款如何清查？

【解答】其他应收款清查的具体要求如下：

（1）核对截止清产核资基准日的其他应收款的明细账、总账、会计凭证及会计报表构成的其他应收款余额，并核对账账、账证、账表是否相符。

（2）对该科目中属于投资性质的款项，应调入“短期投资”“长期股权投资”“长期债权投资”等科目核算。

（3）清理“其他应收款”科目中属于工程结算、销售货物、提供劳务等形成的往来款项，应转入“应收账款”科目核算。

（4）对“其他应收款”科目的明细科目中，名称有问题或内容不明确的应认真清理，查找真实原因，调整账簿或在清查登记表中备注说明。

（5）同一债务人因业务往来欠款、还款滚动发生情况下，运用“先欠款，先偿还”的账龄分析原则，分析其他应收款余额的账龄构成，检查其他应收款的账龄分析结果是否正确。

（6）对于外部其他应收款项应该采取发函询证的方法进行对账，并关注未回函或回函不符的情况，作出相应记录。

（7）根据账龄分析，对长期挂账的其他应收款应查明原因，并在清查登记表中进行备注说明。

（8）关注检查“其他应收款”是否属于实质为潜亏挂账的款项。潜亏挂账一般是指支出的现金已经流出，该支出已经取得支出凭据，或虽未取得支出凭据但预计该支出在基准日后不会给单位带来任何现金流入，或该支出的受益期已经结束，但未列入损益的项目。

（9）核实其他应收款的可收回性，有无对方单位破产或者死亡的，以及破产财产或者遗产清偿后仍无法收回，或者对方单位长期未履行偿债义务的情况，对这些情况所形成的原因及采取的措施需在清查登记表中进行备注说明。

（10）根据既定的会计政策检查坏账准备的计算是否正确。

（11）对非记账本位币结算的其他应收款，检查其采用的折算汇率是否正确。

（12）各单位应对各内部组织机构的备用金进行清理，要根据财务挂账的备用金数额整理实际发生的费用金额和现存的备用金现金额；对清产核资基准日前已转化成票据或费用发票的备用金及时进行账务处理，对已发生费用但未取得发票单据的，应敦促职工尽快取得并报账，把剩余的备用金交回财务。

（13）其他应收款的清查由财务部门牵头，相关部门配合，根据其他应收款的性质、用途，清查工作要落实到经办部门和经办人员。

34. 存货如何清查?

【解答】根据集体经济组织（企业、单位）经营业务范围不同，存货的类型存在很大差异。一般来说，集体经济组织存货的清查包括原材料（种子、化肥、饲料、农药等）、在途物资、库存商品、发出商品、商品进销差价、委托加工物资、农产品、除牲畜（禽）和林木资产外的消耗性生物资产等。存货清查的具体要求包括：

（1）核对截止清产核资基准日的存货，包括：在途物资、原材料（原料及主要材料、包装材料、辅助材料、外购半成品、备品备件、修理用备件、种子、饲料、肥料、农药、燃料等）、库存商品、发出商品、商品进销差价、委托加工物资、农产品、消耗性生物资产（大田作物、蔬菜等，但不包括牲畜（禽）资产和林木资产）的明细账、总账、会计凭证及会计报表构成的库存物资余额，并核对账账、账证、账表是否相符。

（2）对清产核资基准日前已销售和发出的存货，应及时、全面地进行成本结转，保证存货的真实性及销售、工程、产品成本的准确性。此事项不清理容易造成实物虚假盘亏。

（3）对投资性质的存货，应调整至“长期股权投资”等科目核算。

（4）对施工生产过程中多次使用的周转材料，应按一贯性原则进行摊销，对已报废但未摊销完的周转材料余额，符合损失条件的，取得相关证据并核准后作损失处理；对未足额摊销的应进行调整，以保证周转材料的真实性及成本的完整性。

（5）在清产核资基准日前已发生的、而尚未结转的工程施工、工业生产的相关费用（人工费、材料费、机械使用费、其他直接费、间接费等），财务部门与经营（生产）部门应进行认真清理，保证未完施工、在产品账面数与尚未办理结算的工程及产品形象进度相匹配。

（6）对按月结算的完工项目，应按月结转已完工程、产品的实际成本；采用竣工后一次性结算或分段结算工程价款的，按合同确定的结算期结转已完工程成本，确保收入与成本相配比，防止高留低转或多转成本。

（7）财务部门明细账余额与仓库管理员明细登记卡片余额进行核对，与经营（生产）部门未结算量进行核对，核实是否账卡、账实相符。如存在不符，应该立即查明原因。

（8）对存货进行全面实地盘点：

①确定清查盘点日，制定妥善、周密的盘点方案，全面清查、盘点存货，核实存货类别、物资名称、规格型号、计量单位、存放地点、保管员姓名、实际数量等信息。保管员必须在场并参加盘点工作。

②盘点前，整理存货的堆放，核对清查盘点日仓库实物卡片是否与财务明细账金额之间存在差异。

③在盘点过程中，应采用以账对物、以物核账的双向核对的方法盘点。

④在实物盘点过程中，需同时关注存货的状态，如存在积压、毁损、待报废的情况，应作好相关的情况记录，并查明原因，按照

有关规定和程序妥善处理。

⑤确定盘点日存货实际数量以及其中的积压、毁损、待报废存货的实际数量后，应根据有关项目在清查基准日至清查盘点日之间所有增减变动的会计记录进行倒轧，确定清查基准日存货的实物数量以及其中积压、毁损、待报废存货的实际数量。

35. 牲畜（禽）资产如何清查?

【解答】牲畜（禽）资产清查的具体要求包括：

（1）核对截止清产核资基准日的牲畜（禽）资产，包括在“生产性生物资产”“消耗性生物资产”科目中核算的集体经济组织购入、培育或营造的牲畜（禽）资产。检查明细账、总账、会计凭证及会计报表构成的牲畜（禽）资产余额，并核对账账、账证、账表是否相符。

（2）是否区分为消耗性生物资产、生产性生物资产，包括有无区分产畜、役畜和育肥畜，其初始成本的确认和后续支出的账务处理是否正确。

（3）清查核实牲畜（禽）资产账面数与实际数是否相符，查清牲畜（禽）资产的品种、计量单位、数量、金额、饲养地点、饲养员姓名、生长阶段，以及伤残、死亡等情况。

（4）牲畜（禽）资产的盘点：

①确定清查盘点日。根据牲畜（禽）资产生物特性及饲养习惯制定妥善、周密的盘点方案，全面清查、盘点存货，核实牲畜（禽）资产的品种、计量单位、数量、金额、饲养地点、饲养员姓名、生长阶段、以及伤残、死亡等情况。

②清查采取实地盘点方法，饲养员必须在场并参与盘点工作。

③盘点前，应根据饲养员的掌握情况将牲畜（禽）进行区分，包括：养殖区域、牲畜（禽）品种、牲畜（禽）生长期等因素。

④在盘点过程中，应采用以账对牲畜（禽）、以牲畜（禽）核账的双向核对的方法盘点。

⑤在牲畜（禽）盘点过程中，需同时关注牲畜（禽）的状态，如存在伤残、疾病、死亡的情况，应作好相关的情况记录，并查明原因，按照有关规定和程序妥善处理。

⑥确定盘点日牲畜（禽）实际数量以及其中的伤残、疾病、死亡牲畜（禽）的实际数量后，应根据有关项目在清查基准日至清查盘点日之间所有增减变动的会计记录进行倒轧，确定清查基准日牲畜（禽）的实际数量以及其中伤残、疾病、死亡牲畜（禽）的实际数量。

⑦对有伤残、疾病、死亡的牲畜（禽）或账实不符的，要查明原因，按照有关规定和程序妥善处理。

36. 林木资产如何清查？

【解答】 林木资产清查的具体要求包括：

（1）核对截止清产核资基准日的林木资产，包括在“生产性生物资产”“消耗性生物资产”科目中核算的集体经济组织购入、培育或营造的林木资产。检查林木资产的明细账、总账、会计凭证及会计报表构成的林木资产余额，并核对账账、账证、账表是否相符。

（2）清查核实林木资产的账面数与实际数是否相符，查清林木的品种、胸径、计量单位、数量、金额、种植地点、管理员姓名、生长阶段，以及折断、拔蔸倒伏、断尾、枯死等情况。

（3）关注林木资产账面余额是否正确，包括有无区分经济林、非经济林核算；是否将经济林按投产前和投产后分别核算，是否将非经济林按郁闭前和郁闭后分别核算。其初始成本的确认和后续支出的账务处理是否正确。

（4）林木资产的盘点：

①确定清查盘点日。根据林木资产的生物特性、种植地点的分布情况及计量单位制定妥善、周密的盘点方案，全面清查、盘点存货，核实林木的品种、胸径、计量单位、数量、金额、种植地点、管理员姓名、生长阶段，以及折断、拔蔸倒伏、断尾、枯死等情况。

②清查采取实地盘点方法，管理员必须在场并参与盘点工作。

③在盘点过程中，应采用以账对林木资产、以林木资产核账的双向核对的方法盘点。

④在林木资产盘点过程中，需同时关注林木资产的生长状态，如存在折断、拔蔸倒伏、断尾、枯死等情况，应作好相关的情况记录，并查明原因，按照有关规定和程序妥善处理。

⑤确定盘点日林木资产的实际数量以及其中的折断、拔蔸倒伏、断尾、枯死的林木资产的实际数量后，应根据有关项目在清查基准日至清查盘点日之间所有增减变动的会计记录进行倒轧，确定清查基准日林木资产的实际数量以及其中折断、拔蔸倒伏、断尾、枯死的林木资产的实际数量。

⑥对有折断、拔蔸倒伏、断尾、枯死的林木资产或账实不符的，要查明原因，按照有关规定和程序妥善处理。

37. 长期股权投资如何清查？

【解答】长期投资包括集体经济组织及所属企业不准备在一年内（不含一年）变现的长期股权投资、长期债权投资，以及对农民专业合作社、家庭农场、企业等的投资。长期股权投资清查的具体要求包括：

（1）检查截止清产核资基准日的长期股权投资的各明细账与总账、会计凭证及会计报表构成的长期股权投资余额，并核对其账账、账证、账表是否相符。

（2）清查核对长期股权投资账面数与实际数是否相符，采取面询、函证等方式，将长期股权投资明细账与投资合同或协议、记录凭证、审批文件、投资有关权益证书等与投资对象逐一进行核对，取得书面核对凭证，查清长期股权投资的投资对象（项目）、投资时间、投资期限、投资形式、出资方式、金额、利润分配形式、利润分配金额、应收股息、应收未收利润或分红等。

（3）核实各项投资的合同、协议、章程及有关部门的批准文件，确认拥有的实际股权，必要时进行投资成本和股权比例的函证。

（4）取得并核对所有被投资单位（包括尚未入账的被投资单位）的投资协议或合同、验资报告、公司章程、营业执照及已审计的会计报表等资料和文件。

（5）按照会计政策的规定，确定长期股权投资按权益法还是成本法核算。

（6）将尚未纳入单位对外投资核算的对外投资，按照有关投资协议或合同及验资报告调整入账，并按权益法或成本法对会计报表进行追溯调整至清产核资基准日。

（7）对存在会计差错的长期投资，如应按权益法核算而采用成本法的、应按成本法核算而采用权益法的，在基准日前应将其作为会计差错进行调整。

（8）对在往来账中挂账的长期投资项目也应予以调整并从实际投资之日起按照成本法或权益法进行核算。

（9）投资单位在最初进行投资的长期投资金额（投资成本）与子公司的实收资本出现不一致的情况，应按照有关投资协议合同及验资报告等相关法律性文件确定投资额。

（10）对短期性投资转为长期投资的情况，应当按照会计政策的规定进行相应账务调整。

（11）检查是否存在持有的股权已提供质押或受到其他约束的情况，如存在，应在清查登记表中进行备注说明。

38. 长期债权投资如何清查?

【解答】长期债权投资的清查具体包括:

(1) 检查截止清产核资基准日的长期债权投资(包括国库券、国债、地方债券、各种特种债券等)的明细账、总账、会计凭证及会计报表构成的长期债权投资余额,并核对其账账、账证、账表是否相符。

(2) 清查核对长期债权投资账面数与实际数是否相符,采取面询、函证等方式,将长期债权投资明细账与投资合同或协议、记录凭证、审批文件、投资有关权益证书等与投资对象逐一进行核对,取得书面核对凭证,查清长期债权投资的投资对象(项目)、投资时间、投资期限、投资形式、出资方式、金额、利息分配形式、利息分配金额、应收利息、应收未收利息等。

(3) 核实各项债权投资的合同、协议、章程及有关部门的批准文件,确认拥有的实际债权,必要时进行函证。

(4) 将尚未纳入单位对外投资核算的对外债权投资,按照有关投资协议或合同调整入账,在遵循会计信息可比性的前提下,按票面利率法或实际利率法对会计报表进行追溯调整至清产核资基准日。

(5) 对存在会计差错的长期债权投资,在基准日前应将其作为会计差错进行调整。

(6) 对在往来账中挂账的长期债权投资项目也应予以调整并从实际投资之日起,在遵循会计信息可比性的前提下,按票面利率法或实际利率法进行核算。

(7) 盘点库存有价证券,并编制盘点表,确定其所有权权属。

(8) 检查是否存在债权投资已提供质押或受到其他约束的情况,如存在,应在清查登记表中进行备注说明。

39. 固定资产如何清查？

【解答】 固定资产是指集体经济组织为生产产品、提供劳务、出租或者经营管理而持有的、使用时间超过12个月的，价值达到一定标准的非货币性资产。具体包括房屋、建筑物、机器设备、工具器具、农业基础设施、农村集体所属水务工程设施等。本次清产核资对固定资产的清查，要按照固定资产用途，区分经营性和非经营性进行清查核实，具体要求如下：

（1）检查截止清产核资基准日的固定资产卡片、总账、会计凭证及会计报表构成的固定资产余额，核对其账账、账证、账表是否相符。

（2）清查过程中，要关注固定资产的名称、构建时间或购置时间、坐落地或置放位置、规格型号、使用情况（包括：自用、闲置、淘汰、报废、毁损、丢失、被盗、盘盈、盘亏等）、数量或建筑面积、固定资产原值、累计折旧、固定资产净值等。

（3）核对有关固定资产的产权证明与明细账和固定资产卡片是否一致，对有产权证而未登记的，或已登记而无产权证明的固定资产应查明原因，对遗漏的或有错误的应予以重新登记。

（4）对出租的固定资产，由出租方负责清查，并与租入方进行核对；对租入的固定资产，要与出租方核对，并进行账外备查登记。

（5）核对固定资产的实际使用年限与明细账或固定资产卡片的使用年限是否一致，发现不一致的，应查明原因重新登记，影响折旧额计算的应重新计算并调整。

（6）固定资产的盘点：

①在固定资产盘点过程中，应采用以账对物、以物核账的核对方法盘点实物资产，并在盘点中同时粘贴固定资产标签，以便核对，对固定资产卡片中固定资产信息不全或存在错误的，要根据清

查结果进行修改、完善。

②在固定资产盘点过程中，需同时关注固定资产的状态，对于实际价值与账面价值相背离而形成损失的，如存在闲置、淘汰、报废、毁损、丢失、被盗等情况，应在清查登记表中备注说明。

(7) 各类设备的清查由集体经济组织设备管理部门负责，财务部门配合；房屋建筑物、土地等不动产的清查由行政、后勤、物业等部门负责，财务部门配合。

(8) 对累计折旧的清查，主要由财务部门负责，设备管理、行政、后勤、物业等部门配合。

(9) 集体经济组织资产管理部门配合财务部检查房屋产权证、车辆行驶证证明等权属证明文件，明确固定资产的产权归属，对于权属不清的固定资产需及时补办相关手续或专门提供依据上报。对产权无法确定或存在争议的应做好必要的调查工作，取得相关资料，作为待界定资产单独列示。

(10) 对没有登记入账的固定资产，要将清查结果登记入账。对清查出盘盈、盘亏的固定资产，要查明原因，提出处理意见，并按规定程序申报处置。

40. 固定资产清理如何清查?

【解答】 固定资产清理清查的具体要求包括：

(1) 检查截止清产核资基准日的固定资产清理的明细账、总账、会计凭证及会计报表构成的固定资产清理余额，并核对账账、账证、账表是否相符。

(2) 清查过程中，要关注待处理固定资产的名称、清理时间、坐落地或置放位置、规格型号、金额等。

(3) 清理过程中应关注固定资产、累计折旧等的账面转入额是否正确。

（4）由各相关部门提供固定资产清理的相关资料，检查固定资产清理的原因（出售、报废或毁损等）及有关技术部门鉴定并授权批准的情况。

（5）检查有无长期挂账的固定资产清理余额。如有，应查明原因，在清查明细表中进行备注说明。

（6）清查核实后，应将固定资产清理情况作为经营性固定资产清查表的附报数据填报。

41. 在建工程如何清查？

【解答】在建工程指集体经济组织新建、改建、扩建，或技术改造、设备更新和大修理工程等尚未完工的工程支出，包括尚未完工、或虽已完工但尚未办理竣工财务决算的工程项目，基建和更新改造的工程项目等。在建工程的清查，要按照在建工程用途，区分经营性在建工程和非经营性在建工程进行清查，并编制清查登记表。清查的具体要求包括：

（1）检查截止清产核资基准日的明细账、总账、在建工程台账、会计凭证及会计报表构成的在建工程余额，核对其账账、账证、账表是否相符。

（2）清查过程中，要关注在建工程的名称、承建单位、坐落位置、开工时间、预计完工时间、完工进度（%）、投资概算、建筑面积、已投资金额等因素。

（3）对于使用财政资金的基本建设，竣工财务决算要严格执行《基本建设财务规则》。

（4）清查核对在建工程明细账与银行存款、库存物资、一事一议资金等相关记录是否相符。

（5）清查核实人员应会同建设部门逐项实地观察工程项目，确定在建工程的实际完工程度（形象进度）：

①在实地观察过程中，需同时关注在建工程的状态，如存在在建工程减值情况，需要取得相关证据并作为预计资产损失上报；

②对实地观察情况进行整理（考虑清查日至基准日之间的变化），确定实物资产的毁损等事项；

③对于各项在建工程出现的毁损等状况须提供有关详细依据，作为申报在建工程清查损失的附件上报。

（6）对于重要的建设项目，取得有关工程项目的预算总额及建设批准文件，施工承包合同、现场监理施工进度报告等业务资料，以详细了解工程状况，清查资产的完整性。

（7）对在建工程存在的贷方余额问题，应查明原因，进行相关调整。

42. 无形资产如何清查?

【解答】无形资产是指集体经济组织所拥有或者控制的没有实物形态的可辨认非货币性资产。具体包括各项专利权、商标权、非专利技术、著作权、特许权等。清查的具体要求包括：

（1）核对截止清产核资基准日的无形资产，纳入账内核算的无形资产的明细账、总账、会计凭证及会计报表构成的无形资产余额，并核对账账、账证、账表是否相符。

（2）清查过程中，要关注无形资产的名称、取得方式、取得时间、预计使用年限、出租或出借情况（对象、期限、租金）、闲置情况、账面原值、累计摊销、账面净值等因素。

（3）对各项专利、非专利技术、商誉、著作权等进行全面登记，并取得相关证明、协议和相关资料，核实无形资产的相关权属。

（4）对符合无形资产条件并能够准确确定价值的应调整入账；对不能准确确定价值的应做好备查登记工作。

（5）检查开发支出各项目的归集方法和标准是否符合会计政策

和有关规定，如不正确应该进行自行调整。

（6）关注是否存在某开发项目的支出已经实际发生，但由于其他不可抗因素造成开发项目无法最终形成无形资产，却在无形资产科目内挂账的情况。

（7）关注是否存在某项无形资产已经被其他新技术所代替或已经超过了法律保护的期限，已经丧失了使用价值和转让价值，不能再带来经济利益，即该无形资产成为无效资产，但其账面存在尚未摊销的余额，实质形成损失挂账的情况。

43. 长期待摊费用如何清查？

【解答】长期待摊费用是指集体经济组织已经发生且摊销期限在1年以上（不含1年）的各项费用。包括固定资产修理支出、租入固定资产的改良支出以及摊销期限在1年以上的其他待摊费用。清查的具体要求包括：

（1）检查截止清产核资基准日的长期待摊费用明细账、总账、会计凭证及会计报表构成的长期待摊费用余额，核对其账账、账证、账表是否相符。

（2）对于本年度正常的待摊费用在基准日前应正常摊销，并及时进行账务处理。

（3）检查有无不属于长期待摊费用性质的会计事项，如有，应查明原因并做出记录，在清查明细表中进行说明。如存在潜亏挂账的情况，在取得相关证据和核准后，作损失处理。

44. 资源性资产如何清查？

【解答】资源性资产主要包括农民集体所有的土地、森林、山岭、草原、荒地、滩涂；以及公益林、商品林等。清查的具体要求包括：

（1）资源性资产中的土地清查要按照农用地、建设用地和未利用地分类进行；“四荒地”、“待界定用地”、公益林、商品林清查核实后作为附报数据单独上报。

农用地包括耕地、园地、林地、草地、农田水利设置用地（沟渠）、养殖水面（坑塘水面）、其他农用地等。

建设用地包括工矿仓储用地、商服用地、农村宅基地、公共管理与公共服务用地、交通运输和水利设施用地、其他建设用地等。

未利用地是指尚待开发利用的土地。

（2）资源性资产清查一般不确认价值，但需要关注资源类型、总面积、未承包到户的面积（包括：集体自主经营的面积、年收益；出租经营的面积、承租人、起止时间、年租金；其他经营方式的面积、年收益）、已承包到户的面积（包括：流转入集体统一经营的面积、年收益）、已开发利用的面积（包括：集体自主经营的面积、年收益；出租经营的面积、承租人、起止时间、年租金；对外投资的面积、投资对象、起止时间、年收益；其他经营方式的面积、年收益）等。

（3）资源性资产清查要与农村集体土地确权登记发证、农村土地承包经营权确权登记颁证、集体林权确权登记颁证、草原确权登记颁证等不动产登记、自然资源确权登记工作相衔接，充分利用已有登记成果、森林资源档案等，减少和避免重复劳动。

第四部分　负债及所有者权益的清查

45. 短期借款如何清查？

【解答】 短期借款清查的具体要求包括：

（1）检查截止清产核资基准日的短期借款［包括从银行、信用社等金融机构借入的期限在一年以下（含一年）的各种借款］的明细账、总账、会计凭证、会计报表构成的短期借款余额，核对其账账、账证、账表是否相符。

（2）所有借款须取得合同、借款凭据，或由债权人、债务人双方签订确认书。查清债权人、借款本金、利息率、借款期限、借款用途、借款起止时间及审批人等情况。

（3）检查借款合同、协议及授权批准或其他有关资料和收款凭证，确认其真实性，并与会计记录核对。

（4）检查本期各项借款的用途及偿还情况，核对会计记录和原始凭证。

（5）检查期末有无到期未偿还的借款，是否办理了延期手续或根据情况转入“长期借款”“其他应付款”等科目。如能办妥展期，亦应调整相应短期借款账簿记录。

（6）对于非记账本位币的短期借款，检查其采用的折算汇率是否正确。

（7）应关注取得的已贴现商业承兑汇票，是否存在到期日在清产核资基准日前且对方无法承兑，贴现银行将贴现款转为本企业贷款的事项。若有应及时进行账务处理，增加“应收账款”“短期借款”。

46. 应付账款如何清查?

【解答】应付账款清查的具体要求包括：

（1）核对截止清产核资基准日的应付账款的明细账、总账、会计凭证、会计报表构成的应付账款余额，核对账账、账证、账表是否相符。

（2）查清债权人、债务成因、债务用途、产生时间及审批人等情况。

（3）清理应付账款科目是否存在不属于购买材料、商品、接受劳务等经营活动产生的往来款项，若有应转入“其他应付款”核算。

（4）对于已经采购货物（或固定资产）、接受劳务而未将相应实物资产或费用入账，应及时确认存货或费用并挂往来账，否则容易低估负债，也易造成实物虚假盘盈。

（5）清理预付账款中是否有与应付账款挂同一明细科目的情况，若属于同一债权人、同一性质经济业务形成的款项，应进行重分类调整，以避免资产与负债同时虚增。

（6）采取面询、函证等方式逐一与债权人进行核对，取得书面核对凭证，确定账面记录是否正确、完整，是否记录于恰当的会计期间。

（7）结合存货盘点，检查在清查基准日是否有大额货物已到而发票未到的情况，是否存在未入账的应付账款。

47. 预收款项如何清查?

【解答】预收款项清查的具体要求包括：

（1）检查截止清产核资基准日的预收账款的明细账、总账、会计凭证、会计报表构成的预收账款余额，核对其账账、账证、账表是否相符。

（2）查清债权人、债务成因、债务用途、产生时间及审批人等情况。

（3）对超过一年的预收账款进行清理，交易已中断或无法执行产生遗留的预收账款应转入“其他应付款”核算。

（4）对时间较长，因未及时开具发票而挂预收账款的，应查清事实并写明情况后，在基准日前进行账务调整。该类事项会少计“收入”及相应“应交税费”、虚增“存货”，造成虚假的实物盘亏等。

（5）清理预收账款中是否有与应收账款挂同一明细科目的情况，若属于同一债权人、同一性质经济业务形成的款项，应进行重分类调整，以避免资产与负债同时虚增。

（6）检查预收账款有关的工程、销售合同、结算及仓库发货记录，检查已实现收入是否及时转销预收账款，确保预收账款期末余额的正确性和合理性。

（7）检查预收账款是否存在借方余额，如存在应根据情况确定是否进行相应的账务调整。

（8）检查预收账款长期挂账的原因，是否存在收入挂账的情况，如存在应进行账务调整。

（9）对税法规定应予纳税的预收账款，结合应交税金项目，检查是否及时、足额计缴有关税金。

（10）采取面询、函证等方式逐一与债权人进行核对，取得书面核对凭证，确定账面记录是否正确、完整，是否记录于恰当的会计期间。

48. 应付工资如何清查？

【解答】由于北京市农村集体经济组织执行的是《北京市村合作经济组织会计制度实施细则》，用“应付职工薪酬”科目取代了“应付工资”及“应付福利费”科目。因此，应付工资的清查应根据“应付薪酬”科目中除“福利”“非货币性福利”以外的其他内容进行，并填报《北京市农村集体资产清产核资报表》。

（1）清查时应注意区分应付工资和应付福利费应获取的不同信

息，便于编制清查登记表。

（2）清查核对集体经济组织及所属企业应付给其管理人员及其他固定员工的报酬，按照确定的工资标准，核对应付工资账面余额和工资表记录是否相符，查清领取工资人员的数量、姓名、金额等。

（3）应区分本年度和以前年度拖欠的工资，检查是否存在应付薪酬借方余额或长期挂账的贷方余额，如存在应查明原因，在清查登记表中备注说明。

49. 应付福利费如何清查?

【解答】由于北京市农村集体经济组织执行的是《北京市村合作经济组织会计制度实施细则》，该细则用“应付职工薪酬”科目取代了“应付工资”及“应付福利费”科目，本次清查中，应付福利费的清查应根据“应付薪酬”科目中“福利”“非货币性福利”等内容进行，并填报《北京市农村集体资产清产核资报表》。本次清产核资应付福利费清查具体要求：

（1）清查时应注意区分应付工资和应付福利费应获取的不同信息，便于编制清查登记表。

（2）应根据“应付薪酬”科目中“福利”及“非货币性福利”等内容，查清应付福利费账面余额、借贷方向及使用项目、受益对象、支付时间等。

（3）检查是否存在应付福利费借方余额或长期挂账的贷方余额，如存在应查明原因，在清查登记表中备注说明。

50. 应交税费如何清查?

【解答】应交税费清查的具体要求包括：

（1）检查截止清产核资基准日的应交税费的明细账、总账、会计凭证、会计报表构成的应交税费余额，核对其账账、账证、账表是否相符。

（2）对于基准日应确认的收入应及时确认，相应增加“应交税费”及其附加税费。

（3）核对清产核资基准日应交税费与税务机关的认定数是否一致。

（4）取得税务部门汇算清缴或其他确认文件（若有）、有关政府部门的专项检查报告（若有）、税务代理机构专业报告（若有）、企业纳税申报表等有关资料等，并与上述明细表及账面情况进行核对。

51. 应付利息如何清查?

【解答】应付利息清查的具体要求包括：

（1）检查截止清产核资基准日的应付利息的明细账、总账、会计凭证、会计报表构成的应付利息余额，核对其账账、账证、账表是否相符。

（2）按照借款协议、借款用途，对于基准日前应付利息应及时入账。

（3）清理“应付利息”科目中属于工程结算、销售货物、提供劳务等形成的往来款项，应转入“应付账款”科目核算。

（4）对“应付利息”科目的明细科目中，名称有问题或内容不明确的应认真清理。

（5）清理“应付利息”科目中属于其他应付款的款项，转入“其他应付款”科目核算。

（6）对长期挂账的应付利息应查明原因，并在清查明细表中进行说明。

（7）应付利息的清查由财务部门牵头，相关部门配合，根据应付利息的性质、用途，清查工作要落实到经办部门和经办人员。

52. 应付股利如何清查?

【解答】应付股利清查的具体要求包括:

(1) 检查截止清产核资基准日的应付股利的明细账、总账、会计凭证、会计报表构成的应付股利余额，核对其账账、账证、账表是否相符。

(2) 按照投资协议、股东会(董事会)决议等，对于清产核资基准日前应付股利应及时入账。

(3) 将“应付股利”科目中属于再投资等情况的款项调入“实收资本”或“资本公积”等科目核算。

(4) 对“应付股利”科目中名称有问题或内容不明确的应认真清理。

(5) 清理应付股利科目中属于其他应付款的款项，转入“其他应付款”科目核算。

(6) 对于应付股利应该取得公司章程、投资协议、实收资本到位情况、股东会(董事会)决议等，作出相应计算和记录。

(7) 对长期挂账的应付股利应查明原因，并在清查登记表中进行备注说明。

(8) 核实应付股利是否属于不需支付或转为再投资的情况，对这些情况所形成的原因及采取的措施需在清查登记表中进行说明，应进行账务调整的情况应根据相应证据进行账务调整。

(9) 应付股利的清查由财务部门牵头，相关部门配合，清查工作要落实到经办部门和经办人员。

53. 其他应付款如何清查?

【解答】其他应付款清查的具体要求包括:

(1) 检查截止清产核资基准日的其他应付款的明细账、总账、会计凭证、会计报表构成的其他应付款余额，核对其账账、账证、账表是否相符。

（2）清理该科目中属于采购货物、接受劳务而形成的往来款项，转入“应付账款”核算。

（3）对“其他应付款”科目的明细科目中，名称有问题或内容不明确的应认真清理。属于潜盈部分应作调整，根据情况增加本年度或以前年度的营业外收入。

（4）对于“其他应付款”科目中与其他应收款中重复挂账的款项，应调整相应明细账，避免虚增资产与负债。

（5）检查是否存在未及时入账的其他应付款或收益性质挂账的其他应付款，如存在，应该调整账务。

（6）检查长期挂账的其他应付款及实际原因，对于确实无法付出的其他应付款，应根据情况调整账务。

54. 递延收益如何清查？

【解答】递延收益清查的具体要求包括：

（1）核对递延收益科目各明细与总账、会计报表是否相符。包括农村集体经济组织取得的应在以后期间计入当期损益的政府补助、一次性收取需要分期确认收入的承包租赁收入等。

（2）按照政府补助的文件资料，核对递延收益的入账价值是否正确，与之相关的资产的使用寿命是否合理（即递延收益的摊销期是否恰当），每期确认的损益是否正确。

（3）根据承包租赁收入协议或合同，确认递延收益的初始入账价值是否正确，是否在承包租赁期内正确地结转收入。

（4）关注是否存在长期挂账的递延收益，对于与资产无关或超出承包租赁期的未结转递延收益，应根据情况调整账务。

55. 长期借款如何清查？

【解答】长期借款清查的具体要求包括：

（1）检查截止清产核资基准日的长期借款［包括从银行、信用社等金融机构借入的期限在一年以上（不含一年）的各种借款］的明细账、总账、会计凭证、会计报表构成的长期借款余额，核对其账账、账证、账表是否相符。

（2）所有借款须取得合同、借款凭据，或由债权人、债务人双方签订确认书。查清债权人、借款本金、利息率、借款期限、借款用途、借款起止时间及审批人等情况。

（3）检查本期借款项目的借款合同、协议、贷款证（IC卡）及授权批准或其他有关资料和收款凭证，确认其真实性，并与会计记录核对。

（4）检查本期各项借款的偿还情况，并将期末借款余额与银行凭证核对是否相符。

（5）检查期末有无到期未偿还的长期借款，逾期借款是否办理了延期手续。

（6）清理清产核资基准日逾期的长期借款，根据情况转入“其他应付款”等科目。如能办妥展期，亦应调整相应长期借款账簿记录。

56. 长期应付款如何清查?

【解答】 长期应付款清查的具体要求包括：

（1）检查截止清产核资基准日的长期应付款的明细账、总账、会计凭证、会计报表构成的长期应付款余额，核对其账账、账证、账表是否相符。

（2）审阅融资租赁的授权批准手续是否齐全。

（3）向债权人函证重大的长期应付款。

（4）复核融资租赁应计利息的计算是否准确，会计处理是否正确，如有差错应予以调整。

（5）检查一年内到期的长期应付款是否已列入流动负债。

（6）检查各项长期应付款相关的契约，有无抵押情况。对融资租赁固定资产应付款，还应审阅融资租赁合约规定的付款条件是否履行，检查授权批准手续是否齐全。

57. “一事一议”资金如何清查？

【解答】“一事一议”资金清查应根据涉及该项资产的负债类相关科目进行清查。核对集体经济组织兴办生产公益事业等按“一事一议”形式筹集的专项资金，使用、结余情况等。

58. 专项应付款如何清查？

【解答】本次清产核资专项应付款清查具体要求：

（1）检查截止清产核资基准日的专项应付款（包括取得的政府部门投入的具有专项或特定用途的款项，主要是政府部门的资本性投入；征地补偿费、国家财政专项资金等）的明细账、总账、会计凭证、会计报表构成的长期应付款余额，核对其账账、账证、账表是否相符。专项应付款余额中不包括政府部门拨入的补助资金。

（2）获取政府拨款的文件资料，核对专项应付款的初始入账价值是否正确，检查专项应付款的后续支出是否符合文件的使用范围。

（3）查清专项应付款的拨款单位、拨款用途、拨入时间、具体使用情况、征地补偿费、已使用金额等情况。

（4）检查政府的资本性投入形成的资产情况，及是否计入“实收资本”或“股本”科目，其中形成的溢价是否计入了“资本公积”科目。

59. 实收资本（股本）如何清查？

【解答】实收资本（股本）清查的具体要求包括：

（1）检查截止清产核资基准日的资本（包括：投资者投入的资本、资本公积转增的资本、原生产队积累折股股金及农业合作化时期社员入社时的股份基金）的明细账、总账、会计凭证、会计报表构成的资本余额，核对其账账、账证、账表是否相符。

（2）按照资本明细账余额向前追溯，对于记载清晰的，通过公示、问询和函证等方式，与投资人进行核对，取得书面核对凭证。

（3）查清资本账面余额，对于记载不清的，可暂时将本集体经济组织列为投资人，记入本集体名下。

（4）清查出实收资本明细账记录与实际投资人不符时，要经当事人签字认可，成员（代表）大会表决通过后，据实调整资本明细账。

（5）对投资单位撤销的，要将投资单位投入资本转为本集体资本，依据相关证明材料调整资本明细账。

（6）对投资人死亡且有继承人的，将其投入资本转给其继承人；对投资人死亡且无继承人的，将其投入资本转为本集体资本，依据相关证明材料调整资本明细账。

（7）对农业合作化时期社员入社股份基金，有条件的可以进行深入查清。

60. 资本公积如何清查？

【解答】资本公积清查的具体要求包括：

（1）检查截止清产核资基准日的资本公积（包括资本溢价、土地补偿费中按规定用于扶持集体经济组织成员发展家庭经营外的集体积累部分形成的资本公积）的明细账、总账、会计凭证、会计报表构成的实收资本余额，核对其账账、账证、账表是否相符。

（2）按照资本公积明细账余额向前追溯，核实其余额是否正确，来源及变更事项是否合法、合规，归属是否恰当。

（3）根据资本公积明细账，结合资产、负债及资本账目调整，查清资本公积账面余额是否准确。

61. 盈余公积如何清查?

【解答】 盈余公积清查的具体要求包括：

（1）检查截止清产核资基准日的盈余公积的明细账、总账、会计凭证、会计报表构成的盈余公积余额，核对其账账、账证、账表是否相符。

（2）清查核对集体经济组织从收益中提取的和其他来源取得的盈余公积是否准确。

62. 未分配利润如何清查?

【解答】 未分配利润清查的具体要求包括：

（1）检查截止清产核资基准日的未分配利润的明细账、总账、会计凭证、会计报表构成的未分配利润余额，核对其账账、账证、账表是否相符。

（2）清查核对集体经济组织历年分配后的结存余额，根据收益分配明细账，结合资产、负债及资本账目调整，查清未分配利润余额是否准确。

第五部分　资产确权与价值重估

63. 资产估价与价值重估的原则与要求是什么?

【解答】 本次清产核资资产估价与价值重估基本原则与要求包括:

(1) 集体经济组织成员集体所有的未纳入会计核算或无原始凭证的资产要进行资产估价。

(2) 集体经济组织成员集体所有的资产中, 账面价值与实际价值背离较大的资产, 可以进行价值重估。

(3) 对确有交易需求且经集体经济组织成员或股东 (代表) 大会表决通过的, 可进行资产价值重估, 按现值或公允价值确定。

(4) 固定资产, 一般按购建或调入时原始价值确定。对因账外调入或无偿划归等原因查不到原始价值凭证的固定资产, 可比照同类资产现行购建价格确定。长期股权投资, 一般按初始投资价值确定。

(5) 资产估价和价值重估须经成员或股东 (代表) 大会民主讨论决定, 一般由集体经济组织自行开展, 民主讨论确定估价方法, 作为记账凭证入账, 任何组织和个人不得随意估价处置资产。

(6) 确有需求的, 要聘请有资质的专业机构参与, 其结果需经成员或股东 (代表) 大会民主表决通过。

(7) 集体经济组织资产估价和价值重估, 要坚持实事求是, 严格执行国家有关政策和技术标准, 不得随意多估或少估, 并报乡镇农村经营管理部门备案。

64. 农村集体资产所有权的确权应遵循的原则是什么?

【解答】根据《物权法》和《意见》[①]要求，要把农村集体资产的所有权确到不同层级的农村集体经济组织成员集体，并依法由农村集体经济组织代表集体行使所有权。有集体统一经营资产的乡镇、村、组，应建立健全农村集体经济组织，完善农村集体经济组织成员或股东（代表）大会制度，按照法律法规行使集体资产所有权。本次清产核资资产所有权确权应遵循的原则：

（1）农村集体资产所有权界定，要充分考虑不同资产的形成过程和历史沿革，从有利于管理实际出发，从兼顾国家与集体利益和维护农村社会稳定大局出发，尊重历史、兼顾现实、实事求是、依法依规地进行。要严格按照产权归属确权，不能打乱原集体所有的界限。

（2）政府拨款、减免税费等形成的资产归农村集体经济组织所有，要把所有权确到农村集体经济组织成员集体。对由政府拨款和集体经济组织以外单位或个人投入等混合所有制方式形成的资产，按各方出资比例或约定的股权比例确认所有权。

（3）对集体资产所有权有争议的，除法律、法规已有规定外，可协商解决。协商不成的，可列为待界定资产，也可通过仲裁或司法程序解决。

65. 农村集体资产所有权确权应如何进行?

【解答】农村集体资产所有权确权应按以下不同层级进行：

（1）属于村农民集体所有的，要把集体资产所有权确权到村集体经济组织成员集体，并依法由村集体经济组织代表集体行使所有权。

（2）分别属于村内两个以上农民集体所有的，要把集体资产所有权确权到村内各该集体经济组织成员集体，并依法由村内各该集

① 指《关于扩大国有土地有偿使用范围的意见》。

体经济组织代表集体行使所有权。

（3）属于乡镇农民集体所有的，要把集体资产所有权确权到乡镇集体经济组织成员集体，并依法由乡镇集体经济组织代表集体行使所有权。

（4）由乡镇、村集体企业利润形成的资产及国家支援农业、农村无偿投资形成的资产归乡镇集体经济组织或村集体经济组织所有。

（5）行政事业单位、乡镇建造的公益事业所占用集体的土地，没有办理征用手续的，仍归乡镇、村集体经济组织所有。在清产核资基础上，土地所有者与土地占用单位应依法办理土地使用权的租用或借用手续。

（6）乡镇建造的公益事业如道路、学校、敬老院、医院等，在所有权界定时，要根据其营业执照性质、书面约定或投资来源区分是否归乡镇集体经济组织所有。

（7）由政府部门直接投入形成的固定资产，按照《北京市村合作经济组织会计制度实施细则》的有关规定处理，对于无法取得移交清单等相关凭证的固定资产，可以由乡镇、村两级组成评估小组共同进行估价，经成员或股东（代表）大会同意后入账。

（8）乡镇、村集体企业用筹资形成的资产，资金核实后按下列规定处理：

①以个人投资入股形式进行筹资的，其投资入股的资金作为个人资本金处理，其股利不得在成本中列支。

②属于其他企业、单位出资入股的，可按“谁投资谁所有”的原则，在资金核实中要与出资单位具体明确产权关系，其投资额记入相关的资本金。

66. 谁是农村集体资产所有权确权的实施主体？

【解答】集体经济组织资产所有权界定工作由区级政府组织实施。

第六部分　账务调整及后续监管要求

67. 账务调整应遵循何种原则？

【解答】 本次清产核资账目调整应遵循的基本原则：

（1）集体经济组织及所属企业要对清产核资中发现的账款不符、账实不符、账证不符等问题及时进行账务处理；

（2）不符合条件或未履行规定程序的，不得进行账目调整。

68. 存货盘盈或盘亏如何调整？

【解答】 对存货的盘盈或盘亏，必须查明原因，落实责任，经集体经济组织成员或股东（代表）大会讨论通过，报乡镇或区农村经营管理部门审核批准后，按照会计制度进行账务处理。盘盈、盘亏计入未分配利润；数额较大的，可作为增减资本公积处理，同时调整账簿记录。

【案例】 北京某村经济合作社在本次清查核资中对存货清查进行实地盘点，盘盈农机具配件 38 件套计 3 200 元，同时盘亏库存玉米 100 公斤（入库时实际成本每公斤 4 元，并已全部购买了财产保险）。经查明，盘盈的农机具配件系因错漏入账，盘亏玉米系因保管员李红保管失职被盗。盘点小组将盘点结果报经村经济合作社成员代表大会讨论决定，对于盘盈的农机具配件因金额不大，全部计入未分配利润；盘亏的玉米由保管员李红承担 100 元赔偿责任，获赔保险公司保险赔偿150元，其他列转损失。报经乡经管站审批，同意该村经济合作社处理方案。该村经济合作社应如何账务处理？

【案例分析】该村经济合作社应作如下账务调整：

借：原材料——农机具配件 3 200

　　贷：未分配利润 3 200

借：未分配利润 150

　　其他应收款——XXX保险赔款 150

　　其他应收款——李红 100

　　贷：农产品——玉米 400

69. 农业资产盘盈或盘亏如何调整？

【解答】对农业资产的盘盈或盘亏，必须查明原因，落实责任，经集体经济组织成员或股东（代表）大会讨论通过，报乡镇或区农村经营管理部门审核批准后，按照会计制度进行账务处理。盘盈、盘亏计入未分配利润；数额较大的，可作为增减资本公积处理，同时调整账簿记录。

【案例】北京市某乡集体经济组织在本次清产核资工作中，对农业资产进行现场盘点，发现其盘亏育肥牲猪2头（账面成本1 700元，并已全部购买了财产保险）、盘盈投产前楠竹（经济林）1 500株。经查明，盘盈的楠竹系当年新生竹笋发育而成的，盘亏育肥牲猪系饲养员张红梅因工作失职致牲猪感染疫病死亡。盘点小组将盘点结果报经乡级集体经济组织成员（代表）大会讨论决定，对于盘盈的楠竹按名义金额每株1元计算重置价值，全部计入未分配利润；盘亏的牲猪由保管员张红梅承担500元赔偿责任，XXX保险公司承诺承担800元保险赔偿，其他计入未分配利润，随后上报并取得区农经办审核同意，请问如何处理？

【案例分析】该集体经济组织应作如下账务调整：

借：生产性生物资产——楠竹　　1 500
　　贷：未分配利润　　1 500
借：其他应收款——XXX 公司（保险赔款）　　800
　　其他应收款——张红梅　　500
　　未分配利润　　400
　　贷：消耗生物资产——牲猪　　1 700

70. 固定资产盘盈或盘亏如何调整？

【解答】 对固定资产的盘盈或盘亏，必须查明原因，落实责任，经集体经济组织成员或股东（代表）大会讨论通过，报乡镇或区农村经营管理部门审核批准后，按照会计制度进行账务处理。盘盈、盘亏计入未分配利润；数额较大的，可作为增减资本公积处理，同时调整账簿记录。

【案例】 某集体经济组织在本次清产核资中，盘亏笔记本电脑10 台（原值 5 800 元，已提折旧 1 500 元），盘盈办公桌椅 4 套价值6 400 元。经查明，盘盈的桌椅系当年乡政府搬家时留转给该集体经济组织使用，盘亏电脑系因自然损耗无法继续使用。该集体经济组织将盘点结果报经该集体经济组织成员（代表）大会讨论决定，对于盘盈的办公桌椅按乡政府原账面价值 6 400 元入账，计入未分配利润；盘亏的笔记本电脑冲减资本公积。随后，该集体经济组织将处理结果报经乡经管站审批同意。应如何进行账务调整？

【案例分析】 该集体经济组织应当进行如下账务调整：

借：固定资产——办公家具　　6 400
　　贷：未分配利润　　6 400
借：资本公积　　43 000
　　累计折旧　　15 000
　　贷：固定资产　　58 000

71. 在建工程的报废或损毁如何调整?

【解答】对在建工程的报废或损毁，必须查明原因，落实责任，经集体经济组织成员或股东（代表）大会讨论通过，报乡镇或区农村经营管理部门审核批准后，按照会计制度进行账务处理。盘盈、盘亏计入未分配利润；数额较大的，可作为增减资本公积处理，同时调整账簿记录。

【案例】某村经济合作社在本次清产核资工作中对在建工程进行现场盘点，发现村在建未完工的水泵房1栋倒塌（账面成本600 000元，未购买财产保险）。经查明，水泵房倒塌系因施工时，地基夯实不够所致。该村经济合作社将盘点结果报经村经济合作社成员（代表）大会讨论决定，对于倒塌的水泵房，扣除原建筑工程队质保金60 000元，其他作为冲减资本公积处理，随后报经乡经管站审批同意。应如何进行账务调整?

【案例分析】该村经济合作社应作账务调整如下：

借：资本公积　　540 000

　　其他应付款——应付质保金　　60 000

　　贷：在建工程——水泵房　　600 000

72. 没有纳入账内存货如何调整?

【解答】对清产核资前没有纳入账内核算的存货，包括政府拨款、税费减免等形成的存货，社会团体、个人捐赠的存货等，有原始凭证的，按记载价值入账；无法取得原始凭证的，通过资产估价确认价值入账，作为增加资本公积处理，经民主程序讨论通过，可转增实收资本（并按股权比例量化给成员或集体），同时调整账簿记录。

【案例】某乡集体经济组织在本次清查核资中，现场盘点发现未入账的46.4%尿素20吨价值46 600元（取得普通发票）。经查明原因为去年春播时，本村在外经商的爱心人士王四平捐赠化肥一批未入账。乡集体经济组织清产核资工作小组将盘点结果报经乡集体经济组织成员（代表）大会讨论决定，盘盈的尿素作为增加资本公积处理。后经区经管站审批同意。该乡集体经济组织应如何账务调整？

【案例分析】该乡集体经济组织应作账务调整如下：

借：原材料——尿素　　46 600

　　贷：资本公积　　46 600

73. 没有纳入账内固定资产如何调整？

【解答】对清产核资前没有纳入账内核算的固定资产，包括政府拨款、税费减免等形成的固定资产，社会团体、个人捐赠的固定资产等，有原始凭证的，按记载价值入账；无法取得原始凭证的，通过资产估价确认价值入账，作为增加资本公积处理，经民主程序讨论通过，可转增实收资本（并按股权比例量化给成员或集体），同时调整账簿记录。

【案例】某集体经济组织在本次清产核资工作中，现场盘点固定资产发现未入账的多功能联合收割机1台价值48 000元。经查明原因，系上年末乡用区财政下拨专项农机补贴资金给各村统一购置的农机尚未入账。将盘点结果报经集体经济组织成员（代表）大会会议讨论决定，将该未入账收割机列转资本公积，并报经乡经管站审批同意，应如何账务处理？

【案例分析】该集体经济组织应作账务调整如下：

借：固定资产——农机设备　　48 000

　　贷：资本公积　　48 000

74. 没有纳入账内无形资产如何调整?

【解答】对清产核资前没有纳入账内核算的无形资产，包括政府拨款、税费减免等形成的无形资产，社会团体、个人捐赠的无形资产等，有原始凭证的，按记载价值入账；无法取得原始凭证的，通过资产估价确认价值入账，作为增加资本公积处理，经民主程序讨论通过，可转增实收资本（并按股权比例量化给成员或集体），同时调整账簿记录。

【案例】某乡级集体经济组织在本次清产核资工作中，盘盈一项专利技术，经查，为上年农业技术推广中心捐赠的一项植物保护专利技术尚未入账，经委托独立第三方评估机构进行价值重估，估值为500 000元。乡集体经济组织将盘点结果报经集体经济组织成员（代表）大会讨论决定，将该未入账专利计入资本公积。经区经管站审批同意，该集体经济组织应如何账务调整?

【案例分析】该集体经济组织应作如下账务调整：

借：无形资产——专利技术　　500 000

　　贷：资本公积　　500 000

75. 没有纳入账内农业资产如何调整?

【解答】对清产核资前没有纳入账内核算的农业资产，包括政府拨款、税费减免等形成的农业资产，社会团体、个人捐赠的农业资产等，有原始凭证的，按记载价值入账；无法取得原始凭证的，通过资产估价确认价值入账，作为增加资本公积处理，经民主程序讨论通过，可转增实收资本（并按股权比例量化给成员或集体），同时调整账簿记录。

【案例】某村集体经济组织在本次清产核资中，在对农业资产清查时，现场盘点发现未入账的鱼苗一批，经查是本村村民刘某无偿移交的原承包养殖场内各类鱼苗价值35 000元。该村集体经济组织社员（代表）大会讨论决定将盘盈鱼苗列计入资本公积，并报经乡经管站审批同意应如何账务处理?

【案例分析】该村集体经济组织应作以下账务调整：

借：消耗性生物资产——鱼苗　　35 000

　　贷：资本公积　　35 000

76. 无法收回的应收款项如何调整?

【解答】对确实无法收回的应收款项的核销，必须进行严格的审核，查明原因，落实责任，经集体经济组织成员或股东（代表）大会讨论通过，报乡镇或区农村经营管理部门审核批准后，按照会计制度进行账务处理。债权核销的净损失计入未分配利润，同时调整账簿记录。

【案例】某村集体经济组织在本次清产核资中，对应收及预付款项进行了全面清查，其中应收好风光旅游开发有限公司款125 000元。经查实，该公司已于2016年8月破产清算，因此该笔款项无法收回。村集体经济组织清产核资领导小组将清查结果报经村集体经济组织社员（代表）大会讨论决定，将无法收回的好风光旅游开发有限公司款项作为清产核资损失予以核销并报经乡经管站审批同意。该村集体经济组织应如何处理?

【案例分析】该村集体经济组织应作如下账务调整：

借：未分配利润　　125 000

　　贷：应收账款——好风光旅游开发有限公司　　125 000

77. 无法收回的预付款项如何调整?

【解答】对确实无法收回的预付款项的核销，必须进行严格的审核，查明原因，落实责任，经集体经济组织成员或股东（代表）大会讨论通过，报乡镇或区农村经营管理部门审核批准后，按照会计制度进行账务处理。债权核销净损失计入未分配利润，同时调整账簿记录。

【案例】某乡级集体经济组织在本次清产核资工作中，发现预付江南回力春皮革有限公司货款50 000元。经查明该公司因严重资不抵债，已经清算完毕并办理了公司注销登记，故此该笔货款无法收回。该乡集体经济组织清产核资小组将清查结果报经集体经济组织成员（代表）大会讨论决定，将无法收回的预付江南回力春皮革有限公司货款予以核销，全部计入未分配利润，并报经区经管站审批同意，该乡集体经济组织应如何账务处理？

【案例分析】该乡集体经济组织应作账务调整如下：

借：未分配利润　　50 000

　　贷：预付账款——江南回力春皮革有限公司　　50 000

78. 无法收回的对外投资如何调整？

【解答】对确实无法收回的对外投资的核销，必须进行严格的审核，查明原因，落实责任，经集体经济组织成员或股东（代表）大会讨论通过，报乡镇或区农村经营管理部门审核批准后，按照会计制度进行账务处理。投资净损失计入未分配利润，同时调整账簿记录。

【案例】某乡级集体经济组织所属全资子公司在本次清产核资中，截止2017年12月31日，账载投资兰光物流管理有限公司150 000元（拥有该公司15%股权）。经查，兰光物流管理有限公司因经营管理不善，导致近三年以来连续出现巨额亏损，现已资不抵债难以持续经营，该公司目前已办理了公司注销登记，故此该笔投资款项无法收回。该企业清产核资工作小组将清查结果报经公司董事会及集体经济组织成员（代表）大会讨论决定，核销无法收回的兰光物流管理有限公司投资款，并报经经管站审批同意。该公司应如何进行账务调整？

【案例分析】该公司应作如下账务调整：

借：未分配利润　　150 000

　　贷：长期股权投资—兰光物流管理有限公司　　150 000

79. 预期不能带来收益的无形资产如何调整？

【解答】对预期不能带来收益的无形资产的核销，必须进行严格的审核，查明原因，落实责任，经集体经济组织成员或股东（代表）大会讨论通过，报乡镇或区农村经营管理部门审核批准后，按照会计制度进行账务处理。无形资产净损失计入未分配利润，同时调整账簿记录。

【案例】某乡级集体经济组织所属全资子公司截止 2017 年 12 月 31 日，账载某自动控制软件净值 38 667 元（入账原值 80 000 元，已累计摊销 41 333 元）。经查实，系公司原拟开发建造 1 条自动化生产流水线，因多种原因未实际建造，导致该生产线配套软件一直搁置未投入使用，故此该软件无法产生预期收益。该企业清产核资工作小组将清查结果报经公司董事会及集体经济组织成员（代表）大会讨论决定，核销该自动控制软件，并报经经管站审批同意。该公司应如何进行账务调整？

【案例分析】该公司应作如下账务调整：

借：未分配利润　　38 667

　　累计摊销——软件摊销　　41 333

　　贷：无形资产—软件　　80 000

80. 确实无法支付的债务如何调整?

【解答】对确实无法支付的债务的核销，必须进行严格的审核，查明原因，落实责任，经集体经济组织成员或股东（代表）大会讨论通过，报乡镇或区农村经营管理部门审核批准后，按照会计制度进行账务处理。债务核销净损失计入未分配利润，同时调整账簿记录。

【案例】某乡级集体经济组织所属全资子公司截止2017年12月31日，账载应付北京运道旺劳务管理有限公司服务费25 000元。经查明，2015年，北京运道旺劳务管理有限公司曾经提起诉讼，后法院判决，北京运道旺劳务管理有限公司败诉；该乡级集体经济组织所属全资子公司无需继续支付该笔服务费。该企业清产核资工作小组将清查结果报经公司董事会及集体经济组织成员（代表）大会讨论决定，核销该笔应付服务费，并报经经管站审批同意。该公司应如何进行账务调整？

【案例分析】该公司应作如下账务调整：

借：应付账款——北京运道旺劳务管理有限公司

25 000

贷：未分配利润　25 000

81. 对直接或间接拥有半数以上表决权等能够控制的被投资企业账务如何调整?

【解答】对集体经济组织（集体企业）直接或间接拥有半数以上表决权等能够控制的被投资企业，在清产核资后，将所有者权益按投资比例对应调整集体经济组织或集体企业的长期投资，差额调整资本公积。

【案例1】某乡级集体经济组织2015年6月向东方园林绿化有

限公司投资 700 万元，占 70% 的股权。该乡级集体经济组织历年采用成本法核算长期股权投资。截止 2017 年 12 月 31 日，账载长期股权投资 700 万元。本次清产核资中，东方园林绿化有限公司也被纳入清产核资范围。经清产核资后，东方园林绿化有限公司截止 2017 年 12 月 31 日的净资产价值为 5 000 万元，并经清产核资工作小组和乡经管站审核同意。该乡级集体经济组织应如何调整账务？

【案例分析】该乡集体经济组织应做如下处理：

（1）计算清产核资登记日拥有的净资产价值 = 5 000 × 70% = 3 500（万元）

（2）计算应调整的长期股权投资金额 = 3 500 － 700 = 2 800（万元）

（3）进行账务调整：

借：长期股权投资——东方园林绿化有限公司　28 000 000

贷：资本公积　28 000 000

【案例 2】某乡级集体经济组织 2015 年 6 月向东方园林绿化有限公司投资 700 万元，占 70% 的股权。该乡级集体经济组织历年采用成本法核算长期股权投资。截止 2017 年 12 月 31 日，账载长期股权投资 700 万元。本次清产核资中，东方园林绿化有限公司也被纳入清产核资范围。经清产核资后，东方园林绿化有限公司载止 2017 年 12 月 31 日的净资产价值为 800 万元，清查核资结果经集体经济组织成员（代表）大会通过并报经区经管站同意。该乡级集体经济组织应如何调整账务？

【案例分析】该乡集体经济组织应做如下处理：

（1）计算清产核资登记日拥有的净资产价值 = 800 × 70% = 560（万元）

（2）计算应调整的长期股权投资金额 = 560 － 700 = － 140（万元）

（3）进行账务调整：

借：资本公积　　　　　　　　　　　　　　　1 400 000

　　贷：长期股权投资——东方园林绿化有限公司

　　　　　　　　　　　　　　　　　　　　　　　1 400 000

82. 清查出的账外长期股权投资应如何处理？

【解答】 对集体经济组织（集体企业）清查出的长期股权投资，应将计入长期股权投资，并判断被投资单位是否应纳入清产范围，如应纳入清产核资范围，则应当按照规定纳入清产核资范围。具体应按以下要求进行相应调整账务：

（1）对集体经济组织全资持有的被投资企业，要将其清产核资后生成的资产负债表与集体经济组织的资产负债表相关科目合并，同时集体经济组织之间与被投资企业之间的债权债务要相互抵消，并调减集体经济组织或集体企业的长期投资和被投资企业的所有者权益，差额计入资本公积。

（2）对直接或间接拥有半数以上表决权等能够控制的被投资企业，将所有者权益按投资比例对应调整集体经济组织或集体企业的长期投资，差额调整资本公积。

（3）对未达到直接或间接拥有半数以上表决权的被投资企业，直接将清查出的未入账长期股权投资调整入账。

【案例1】 某乡级集体经济组织在本次清查核资中，截止2017年12月31日，账载对通城建设有限公司其他应付款60万元，但未见对其有长期股权投资。清产核资工作小组清查发现，其对通城建设有限公司有100万元的长期股权投资，且占通城建设有限公司100%股权。经查明原因，是因在乡集体产业园项目合作过程中，由合作对方捐赠资金，以乡集体经济组织的名义成立，由于未直接划拨资金，导致未按时入账所致。应如何处理？

【案例分析】 由于经资产清查后发现，乡级集体经济组织其对通城建设有限公司有100万元的长期股权投资，且占通城建设有限公司100%股权。因此应将通城建设有限公司作为本次清产核资的对象，进行清产核资；并将其清产核资后生成的资产负债表与集体经济组织的资产负债表相关科目合并。同时，应将集体经济组织与通城建设有限公司之间的债权债务要相互抵消，并调减集体经济组织的长期投资和通城建设有限公司的所有者权益，差额计入资本公积。

假设经对通城建设有限公司清产核资后，通城建设有限公司绿化公司净资产为180万元，清查核资结果经集体经济组织成员（代表）大会通过并报经区经管站同意，则应当做如下处理：

（1）将清查出的长期股权投资100万元计入集体经济组织账内

借：长期股权投资——通城建设有限公司　　1 000 000

　　贷：资本公积——其他资本公积　　　　　1 000 000

（2）将对通城建设有限公司清产核资后生成的资产负债表与集体经济组织的资产负债表相关科目合并。

（3）将集体经济组织与通城建设有限公司之间的债权债务要相互抵消，将实收资本与长期股权抵消：

借：其他应付款——通城建设有限公司　　　600 000

　　贷：其他应收款——集体经济组织　　　　600 000

借：实收资本——集体经济组织　　　　　1 000 000

　　贷：长期股权投资——通城建设有限公司　1 000 000

【案例2】某乡级集体经济组织在本次清查核资中，截止2017年12月31日，账载对远景园林绿化公司长期股权投资为200万元，占远景园林绿化公司40%，清产核资工作小组清查发现，其对远景园林绿化公司有100万元的长期股权投资尚未入账。经查明原因，是因在乡集体产业园项目合作过程中，由合作对方捐赠资金，以乡集体经济组织的名义投入，由于未直接划拨资金，导致未按时入账所致。应如何处理？

【案例分析】由于清产核资前，账载长期股权为200万元，仅占远景园林绿化公司40%的股权，因此远景园林绿化公司不作为清产核资对象。但经资产清查后，乡级集体经济组织对远景园林绿化公司的实际投资总额为300万元，已占其实收资本的60%，符合“直接或间接拥有半数以上表决权”。因此，在清产核资后，应将所有者权益按投资比例对应调整集体经济组织的长期投资，差额调整资本公积。

（1）将清查出的长期股权投资100万元计入集体经济组织账内

借：长期股权投资——远景园林绿化公司　　1 000 000

　　贷：资本公积——其他资本公积

　　　　　　　　　　　　　　　　　　　　　1 000 000

由于调整后，乡级集体经济组织对远景园林绿化公司的实际投资总额为300万元，占其实收资本的60%，应将远景园林绿化公司作为本次清产核资的清产核资对象，全面清查和核实远景园林绿化公司的所有者权益。

（2）假设经对远景园林绿化公司清产核资后，远景园林绿化公司净资产为180万元，清查核资结果经集体经济组织成员（代表）大会通过并报经区经管站同意，则应当做如下处理：

①集体经济组织按股份比例计算其对远景园林绿化公司的所有者权益 = 180 × 60% = 108（万元）

②计算应调整的长期股权投资金额 = 108 − 300

　　　　　　　　　　　　　　　　= −192（万元）

③按规定对集体经济组织进行账务调整：

借：资本公积　　　　　　　　　　　　　1 920 000

　　贷：长期股权投资——远景园林绿化公司　　1 920 000

【案例3】某乡级集体经济组织在本次清查核资中，截止2017年12月31日，账载对城建开发公司长期股权投资为200万元，占城建开发公司20%的股权，清产核资工作小组清查发现，其对城建开发公司有100万元的长期股权投资尚未入账。经查明原因，是因在乡集体产业园项目合作过程中，由合作对方捐赠资金，以乡集体经济组织的名义投入，由于未直接划拨资金，导致未按时入账所致。应如何处理？

【案例分析】由于清产核资前，账载长期股权投资为200万元，仅占城建开发公司20%的股权，因此城建开发公司不作为清产核资对象。经资产清查后，乡级集体经济组织对城建开发公司的实际投资总额为300万元，占其实收资本的30%，仍不符合“直接或间接拥有半数以上表决权”。因此，仍不应作为本次清产核资工作的清产核资对象，只需直接将清查出的未入账的长期股权投资调整入账。

借：长期股权投资——城建开发公司　　　1 000 000

　　贷：资本公积——其他资本公积　　　1 000 000

83. 本次农村集体资产清产核资后，后续如何监管？

【解答】本次清产核资资产监管具体要求：

（1）加快农村集体资产监督管理平台建设，将清产核资数据统一纳入平台管理，推动农村集体资产财务管理制度化、规范化、信息化。

（2）建立年度资产清查制度和定期报告制度，至少每年末开展一次资产清查，于次年2月28日前报北京市农村合作经济经营管理办公室。

第七部分　清产核资报表的填报

84. 农村集体资产清产核资表格编制基础是什么?

【解答】本次清产核资表格编制主要依据:

农业部等9部委联合下发的《关于全面开展农村集体资产清产核资工作的通知》(农经发〔2017〕11号)所附清产核资表格的编制基础,是财政部2004年9月30日下发的《村集体经济组织会计制度》(财会〔2004〕12号)。而《北京市农村集体资产清产核资实施细则》所附清产核资表格的编制基础,是北京市农村合作经济经营管理站2010年4月28日下发的《北京市村合作经济组织会计制度实施细则》(农经字〔2010〕13号)。

85. 农村集体资产清产核资表格填报主体单位有哪些?

【解答】本次清产核资表格填报主体单位:

开展农村集体资产清产核资的本市乡镇、村、组集体经济组织、全资企业,以及各级行政主管部门,均为本次清产核资表格填报主体单位。

同级集体经济组织有多个核算单位的,合并为一个填报单位上报数据;农村集体经济组织所属二级及以下全资企业与一级企业合并抵消后,由一级全资企业作为填报单位上报数据。集体经济组织报表中无数据的报表要进行零填报。集体经济组织及全资企业账面数要与2017年北京市农经统计报表相关数据进行核对,不一致的要详细说明原因。

86. 农村集体资产清产核资报表填报编制原则是什么?

【解答】 本次清产核资报表的编制基本原则：

（1）本次清产核资工作中，《北京市农村集体资产清产核资报表》是依据《农村集体资产清产核资报表》（农经发〔2017〕11号附件2）的规定，结合北京市农村集体经济组织执行《北京市村合作经济组织会计制度实施细则》（农经字〔2010〕13号）的实际情况，在《农村集体资产清产核资报表》的基础上，为方便集体经济组织及其所属企业填报，按照会计制度所规定的会计科目调整进行细化而来。可分为集体经济组织填报、全资企业填报、各级行政主管部门填报。其中：

①各层级集体经济组织，直接填报表“京农清明细01至京农清明细19”、“京农清明细21”；各层级集体经济组织与所属企业数据合并汇总后填报“京农清明细20”；

②各级所属企业，执行《小企业会计准则》或《企业会计准则》及其相关规定的企业及企业集团，按照会计科目性质分析填列“京农清明细01”至“京农清明细19”和“京农清明细21”；

③各级行政主管部门：按集体经济组织层级汇总填报“京农清汇总01－1”至“京农清汇总01－3”和“京农清汇总02”；

④农业农村部“农清汇总01－1”至“农清汇总01－03”和“农清汇总02”，分别由“京农清汇总01－1”至“京农清汇总01－3”和“京农清汇总02”转换而来。

（2）计量单位：金额单位：元，保留两位小数；面积单位：土地资源（亩）、建筑物和构筑物（㎡），保留两位小数。数字格式“123,456.78”。

（3）以清产核资登记时点的账簿记录情况作为账面数；将清查

核实结果倒轧调整至登记时点数作为核实数，即核实数 = 清查时点数 - 登记时点至清查时点期间新增数（已入账 + 未入账） + 登记时点至清查时点期间减少数（已入账 + 未入账）。

【案例】 某村集体经济组织2017年12月31日现金账面余额19 000元，2018年2月18日收到租金收入现金2 000元，2018年3月31日支付会议费及交通费3 000元，2018年8月15日，开展清产核资工作，对现金进行盘点，清查核实发现8月15日现金实有18 000元。

【案例分析】 账面数 = 19 000元；清查时点数 = 18 000元。

倒轧至2017年12月31日的时点数：

现金核实数 = 18 000 - 2 000 + 3 000 = 19 000（元）

（4）农村集体经济组织、全资企业要按照《北京市农村集体资产清产核资实施细则》和《北京市农村集体资产清产核资报表》的规定进行登记，做到数字真实、内容完整、填写规范、编报及时。

87. 北京市农村集体资产清产核资报表封面怎样填报？

【解答】 本次清产核资报表封面填报如下：

单位名称：按照集体经济组织的不同层级，填写：北京市XX区XX乡（镇、街道）XX村（居）XX组集体经济组织或XX企业等单位全称。

负责人：填写本集体经济组织或企业的负责人。

审核部门：填写本集体经济组织或企业清产核资结果的报表审核部门。

填表时间：按照实际填表日期填写。

单位名称：　北京市 XXX 区 XXX 乡 XXX 村集体经济组织（单位公章）

负责人：　李勇

联系电话：　138XXXXXXXX

审核部门：　（单位公章）

填表时间：　2018 年 8 月 15 日

88.《货币资金清查登记表》怎样填报？

【解答】 本表反映货币性资金清查前后的变动情况。本表填报日期为本次清产核资登记日，即 2017 年 12 月 31 日。本表根据“库存现金”“银行存款”“其他货币资金”明细科目填写。资金缺失、呆账、是否账外私设“小金库”等情况，要在“备注”中填写。表内勾稽关系：（8）=（5）+（6）-（7）。

【案例 1】 某村集体经济组织 2017 年 12 月 31 日现金账面余额 2 000 元，2018 年 2 月 9 日收到农户王某交来土地承包费 500 元，2018 年 4 月 12 日支付村办公楼水费 200 元，假设没有其他现金收支。2018 年 8 月 15 日开展清产核资工作，对现金进行盘点，清查核实发现 8 月 15 日现金实有 2 300 元。则现金清查核实如下：

账面数 =2 000 元

清查时点数 =2 300 元

现金核实数 =2 300 - 500 + 200 =2 000（元）

【案例 2】 某村集体经济组织截止 2017 年 12 月 31 日，银行存款日记账余额为 30 000 元。2018 年 2 月 12 日收到房屋租金收入

6 000 元，2018 年 3 月 1 日支付村办公楼电费 7 000 元，假设再没有其他银行存款收支。2018 年 8 月 15 日，开展清产核资工作，对银行存款进行清查，清查核实发现 8 月 15 日实有 29 000 元。，则银行存款清查核实如下：

账面数 = 30 000 元

清查时点数 = 29 000 元

核实数 = 29 000 − 6 000 + 7 000 = 30 000（元）

见表格“京农清明细 01”。

货币资金清查登记表

京农清明细 01

xxxx 乡 xxxx 村集体经济组织　　2017 年 12 月 31 日　　单位：元

编号	资金类别	存放地点	开户行	账号	账面数	清查核实		核实数	备注
						增加 +	减少 -		
	(1)	(2)	(3)	(4)	(5)	(6)	(7)	(8)	(9)
1	现金	财务室			2,000.00			2,000.00	
2									
3	银行存款	XX 银行	XXX 银行北京支行 XXX 分理处	XXXXXXXXXX	30,000.00			30,000.00	
4									
5	其他货币资金								
6									
合计					32,000.00	—	—	32,000.00	—

出纳员（签章）：

监盘人（签章）：

财务主管人（签章）：

备注：

清产核资工作小组负责人（签章）：

89.《短期投资清查登记表》怎样填报？

【解答】本表反映短期投资清查前后的变动情况。本表可根据“短期投资”等明细科目填写。清查核实中发生的增加或减少情况，要在“备注”中填写增加（减少）原因。投资对象灭失、不明、无法收回、未入账等，要在“相关事项说明”中列明情况。表内勾稽关(4) = (5) + (6)；(9) = (4) + (7) - (8)。

【案例】2018 年 8 月 15 日，某村集体经济组织在清产核资时对短期投资进行清查，2017 年 12 月 31 日短期投资账面余额 180 000 元，包括 2017 年 3 月 12 日购入的收益率为 5% 的企业债券 40 000 元、9 月 3 日购买的 P2P 基金 20 000 元、2017 年 7 月 21 日购入的 3 年期国债 120 000 元。2018 年 8 月 15 日资产清查时发现账面余额 150 000 元，其中，2018 年 1 月 1 日至 2018 年 8 月 15 日购入收益率为 3% 的 30 000 元 5 年期城投债。则短期投资清查核实情况如下：

账面数 = 180 000 元

清查时点数 = 150 000 元

核实数 = 150 000 - 30 000 = 120 000 （元）

清查核实减少数 = 180 000 - 120 000 = 60 000 （元）

查找原因发现如下情况并进行相关账务处理：

（1）2017 年 3 月 12 日购入的收益率为 5% 的 40 000 元企业债券，因为办公楼失火烧毁，经集体经济组织成员（代表）大会讨论，并报经乡经管站批准同意，冲减公积公益金。

借：未分配利润　　　　　　　　　　　　　　40 000

　　贷：短期投资——债券　　　　　　　　　　　　40 000

（2）2017 年 9 月 3 日购买的 20 000 元 P2P 基金，因基金公司倒闭导致投资全部损失，经村集体经济组织成员（代表）大会讨论通过，并报乡经管站审核同意，确定冲减未分配利润。

借：未分配利润　　　　　　　　　　　　20 000

　　贷：短期投资——债券　　　　　　　　　　　20 000

见表格“京农清明细 02”。

短期投资清查登记表

京农清明细02

xxxx 乡 xxxx 村集体经济组织　　2017 年 12 月 31 日　　单位：元

编号	投资对象	投资时间	投资期限	账面数			清查核实		核实数	备注
				合计	出资形式		增加 +	减少 -		
					货币资金	实物折价				
	(1)	(2)	(3)	(4)	(5)	(6)	(7)	(8)	(9)	(10)
1	企业债券	2017.3.12		40,000.00	40,000.00			40,000.00		办公楼失火
2	P2P 基金	2017.9.3		20,000.00	20,000.00			20,000.00		公司倒闭
3	国债	2017.7.21		120,000.00	120,000.00				120,000.00	
4										
5										
6										
7										
8										
9										
合计				180,000.00	180,000.00	—	—	60,000.00	120,000.00	—

相关事项说明：

清产核资工作小组负责人（签章）：

填表人：

90.《应收及预付款清查登记表》怎样填报？

【解答】 由于《北京市农村集体资产清产核资报表》是以《北京市村合作经济组织会计制度实施细则》（农经字〔2010〕13 号）为基础编制。应收及预付款科目按照《北京市村合作经济组织会计制度实施细则》的规定，具体分为应收账款、预付账款、应收股利、应收利息、其他应收款等 5 个科目。为便于填报人员直接根据明细账簿填报，在本次农村集体资产清产核资报表设置中，也按前述 5 个会计科目分别设置。

（1）《应收账款清查登记表》的填报

本表反映应收账款清查前后的变动情况。本表应根据“应收账款”“预收账款”明细科目借方账面余额数分析填写。“核实数”＝“账面数”＋“清查核实增加”－“清查核实减少”。清查核实中发生的增加或减少情况，要在“备注”中填写增加（减少）原因。债务人发生死亡、灭失、不明、未入账等情况，要在“相关事项说明”中列明情况。表内勾稽关系：（8）＝（5）＋（6）－（7）。

【案例 1】 截止 2017 年 12 月 31 日，某村集体经济组织应收款账面余额 82 600 元。2018 年 8 月 15 日，该集体经济组织在清产核资时对应收款项进行清查发现：

① 村民李某欠个人欠租金 5 000 元，2013 年 2 月已经到期，至今未收回；

②大成公司欠房屋租赁费 1 600 元，2017 年 11 月已经到期，至今未收回；

③李家堡村欠场地使用费 6 000 元，2017 年 5 月已经到期，至今未收回；

④华夏商贸公司欠销售款 30 000 元，2014 年 5 月已经到期；

⑤东方物流公司欠仓库租金 40 000 元，2017 年 10 月已经到期。

2018 年 8 月 15 日核实余额 47 600 元，假设 2018 年 1 月 1 日至 2018 年 8 月 15 日未增加或减少应收账款。则应收款项清查核实如下：

账面数 = 82 600 元

清查核实数 = 47 600 元

清查核实减少数 = 82 600 − 47 600 = 35 000（元）

查实原因并进行账务处理：

①华夏商贸公司欠款30 000元，该公司已倒闭多年。经集体经济组织成员（代表）大会讨论决定冲减未分配利润，并报乡经管站审核同意。

借：未分配利润　　　　　　　　　　30 000

　　贷：应收账款—华夏商贸　　　　　　　30 000

②债务人李某死亡，无继承人且无遗产清偿，欠村里的5 000元无法收回，经集体经济组织成员（代表）大会讨论决议，报经乡经管站同意，冲减未分配利润。账务处理如下：

借：未分配利润　　　　　　　　　　5 000

　　贷：应收账款—李某　　　　　　　　　5 000

【案例2】截止2017年12月31日，该村集体经济组织应收账款余额2 800元。其中债务人杨某欠应收货款1 800元，2014年11月已经到期；杜某欠租赁费1 000元，2015年3月已经到期。2018年8月15日入场清查核实应收账款（借方）余额为1 800元，假设2018年1月1日至2018年8月15日应收账款借方增加600元。

账面数 = 2 800 元

核实数 = 1 800 元

清查核实减少数 = 2 800 − 1 800 = 1 000（元）

查实原因并进行账务处理：

③杜某因车祸死亡，其欠租赁费1 000元无法偿还，经集体经济组织成员（代表）大会讨论，并报乡经管站审核批准，冲减未分配利润。账务处理如下。

借：未分配利润　　　　　　　　　　1 000

　　贷：应收账款—杜某　　　　　　　　　1 000

见表格“京农清明细03 − 1”。

应收账款清查登记表

京农清明细 03 – 1

xxxx 乡 xxxx 村集体经济组织　　2017 年 12 月 31 日　　单位：元

编号	债务人	形成原因	到期时间	审批人	账面数	清查核实		核实数	备注
						增加 +	减少 –		
	(1)	(2)	(3)	(4)	(5)	(6)	(7)	(8)	(9)
1	李某	临时借款	2013.2	XX	5,000.00		5,000.00	—	债务人死亡
2	大成公司	房屋租赁费	2017.11	XX	1,600.00			1,600.00	
3	李家堡村	场地使用费	2017.5	XX	6,000.00			6,000.00	
4	华夏商贸公司	销售货款	2014.5	XX	30,000.00		30,000.00	—	债务人倒闭
5	东方物流公司	仓库租金	2017.10	XX	40,000.00			40,000.00	
6	杨某	应收货款	2014.11	XX	1,800.00			1,800.00	
7	杜某	租赁费	2015.3	XX	1,000.00		1,000.00	—	车祸死亡
合计		—	—	—	85,400.00		36,000.00	49,400.00	—

相关事项说明：

清产核资工作小组负责人（签章）：

填表人：

（2）《预付账款清查登记表》的填报

本表反映预付账款清查前后的变动情况。本表应根据“应付账款”“预付账款”明细科目借方账面余额数分析填写。“核实数”=“账面数”+“清查核实增加”-“清查核实减少”。清查核实中发生的增加或减少情况，要在“备注”中填写增加（减少）原因。债务人发生死亡、灭失、不明、未入账等情况，要在“相关事项说明”中列明情况。表内勾稽关系：(8)=(5)+(6)-(7)。

见表格“京农清明细03-2”。

预付账款清查登记表

京农清明细 03 – 2

xxxx 乡 xxxx 村集体经济组织　　2017 年 12 月 31 日　　单位：元

<table>
<tr><th rowspan="2">编号</th><th rowspan="2">债务人</th><th rowspan="2">形成原因</th><th rowspan="2">到期时间</th><th rowspan="2">审批人</th><th rowspan="2">账面数</th><th colspan="2">清查核实</th><th rowspan="2">核实数</th><th rowspan="2">备注</th></tr>
<tr><th>增加 +</th><th>减少 –</th></tr>
<tr><td></td><td>(1)</td><td>(2)</td><td>(3)</td><td>(4)</td><td>(5)</td><td>(6)</td><td>(7)</td><td>(8)</td><td>(9)</td></tr>
<tr><td>1</td><td></td><td></td><td></td><td></td><td></td><td></td><td></td><td></td><td></td></tr>
<tr><td>2</td><td></td><td></td><td></td><td></td><td></td><td></td><td></td><td></td><td></td></tr>
<tr><td>3</td><td></td><td></td><td></td><td></td><td></td><td></td><td></td><td></td><td></td></tr>
<tr><td>4</td><td></td><td></td><td></td><td></td><td></td><td></td><td></td><td></td><td></td></tr>
<tr><td>5</td><td></td><td></td><td></td><td></td><td></td><td></td><td></td><td></td><td></td></tr>
<tr><td>6</td><td></td><td></td><td></td><td></td><td></td><td></td><td></td><td></td><td></td></tr>
<tr><td>7</td><td></td><td></td><td></td><td></td><td></td><td></td><td></td><td></td><td></td></tr>
<tr><td>8</td><td></td><td></td><td></td><td></td><td></td><td></td><td></td><td></td><td></td></tr>
<tr><td>9</td><td></td><td></td><td></td><td></td><td></td><td></td><td></td><td></td><td></td></tr>
<tr><td colspan="2">合计</td><td></td><td></td><td></td><td></td><td></td><td></td><td></td><td></td></tr>
<tr><td colspan="6">相关事项说明：

填表人：</td><td colspan="4">清产核资工作小组负责人（签章）：</td></tr>
</table>

（3）《应收股利清查登记表》的填报

本表反映应收股利清查前后的变动情况。本表应根据“应收股利”明细科目账面数填写。“核实数” = “账面数” + “清查核实增加” - “清查核实减少”。清查核实中发生的增加或减少情况，要在“备注”中填写增加（减少）原因。被投资企业注销、吊销，不能持续经营或未按规定入账等情况，要在“相关事项说明”中列明情况。表内勾稽关系：(8) = (5) + (6) - (7)。

见表格“京农清明细03 - 3”。

应收股利清查登记表

京农清明细 03 – 3

xxxx 乡 xxxx 村集体经济组织　　2017 年 12 月 31 日　　单位：元

编号	债务人	形成原因	到期时间	审批人	账面数	清查核实		核实数	备注
						增加 +	减少 –		
	(1)	(2)	(3)	(4)	(5)	(6)	(7)	(8)	(9)
1									
2									
3									
4									
5									
6									
7									
8									
9									
合计									

相关事项说明：

填表人：

清产核资工作小组负责人（签章）：

（4）《应收利息清查登记表》的填报

本表反映应收利息清查前后的变动情况。本表应根据“应收利息”明细科目账面数填写。“核实数” = “账面数” + “清查核实增加” - “清查核实减少”。清查核实中发生的增加或减少情况，要在“备注”中填写增加（减少）原因。债务人发生死亡、灭失、不明、未入账等情况，要在“相关事项说明”中列明情况。表内勾稽关系：(8) = (5) + (6) - (7)。

见表格“京农清明细03 - 4”。

应收利息清查登记表

京农清明细 03 – 4

xxxx 乡 xxxx 村集体经济组织　　2017 年 12 月 31 日　　单位：元

编号	债务人	形成原因	到期时间	审批人	账面数	清查核实		核实数	备注
						增加 +	减少 –		
	(1)	(2)	(3)	(4)	(5)	(6)	(7)	(8)	(9)
1									
2									
3									
4									
5									
6									
7									
8									
9									
合计									

相关事项说明：　　清产核资工作小组负责人（签章）：

填表人：

(5)《其他应收款清查登记表》的填报

本表反映其他应收款项清查前后的变动情况。本表应根据“其他应收款”“其他应付款”明细科目借方账面余额分析填写。“核实数” = “账面数” + “清查核实增加” - “清查核实减少”。清查核实中发生的增加或减少情况，要在“备注”中填写增加（减少）原因。债务人发生死亡、灭失、不明、未入账等情况，要在“相关事项说明”中列明情况。表内勾稽关系：(8) = (5) + (6) - (7)。

见表格“京农清明细03 - 5”。

其他应收款清查登记表

京农清明细 03 – 5

xxxx 乡 xxxx 村集体经济组织　　2017 年 12 月 31 日　　单位：元

编号	债务人	形成原因	到期时间	审批人	账面数	清查核实		核实数	备注
						增加 +	减少 –		
	(1)	(2)	(3)	(4)	(5)	(6)	(7)	(8)	(9)
1									
2									
3									
4									
5									
6									
7									
8									
9									
合计									

相关事项说明：

填表人：

清产核资工作小组负责人（签章）：

91.《存货清查登记表》怎样填报？

【解答】 由于北京市农村工作委员会等10部门联合下发的《北京市农村集体资产清产核资报表》（京政函〔2018〕26号）是以《北京市村合作经济组织会计制度实施细则》（农经字〔2010〕13号）为基础编制。存货对应的科目按照《北京市村合作经济组织会计制度实施细则》的规定，具体分为原材料、库存商品、发出商品、在途商品、商品进销差价、委托加工物资、农产品、消耗性生物资产等8个一级科目。为便于填报人员直接根据明细账簿填报，其农村集体资产清产核资报表也按前述8个会计科目分别设置。

（1）《原材料清查登记表》的填报

本表反映原材料清查前后的变动情况。本表根据“原材料”明细科目或内容填列。“盘盈”指账面未登记存货的现值，即有物无账；“盘亏”指账面已登记存货灭失（按账面值填写），即有账无物。“核实数”＝“账面数”＋“清查核实盘盈”－“清查核实盘亏”。“盘盈”“盘亏”等情况，要在“备注”中填写盘盈（亏）原因。表内勾稽关系：（13）=（7）+（9）-（11）;（14）=（8）+（10）-（12）。

【案例】 2018年8月15日，某村集体经济组织在清产核资时对库存物资进行清查，2017年12月31日原材料账面余额3 060元。其中，铁耙子1 000件，金额2 500元；备用轮胎1个，金额360元；检测仪1个，金额200元。2018年8月15日资产清查核实库存物资余额3 060元，2018年1月1日至2018年8月15日无购入和领用原材料。则原材料清查核实情况如下：

账面数＝3 060元

清查核实数＝3 060元

清查核实减少数＝3 060－3 060＝0

见表格“京农清明细04－1”。

原材料清查登记表

京农清明细 04－1

xxxx 乡 xxxx 村集体经济组织　　2017 年 12 月 31 日　　单位：元、个、台、千克等

编号	类别	物资名称	规格型号	计量单位	存放地点	保管员姓名	账面数		清查核实				核实数		备注
									盘盈＋		盘亏－				
							数量	金额	数量	金额	数量	金额	数量	金额	
	(1)	(2)	(3)	(4)	(5)	(6)	(7)	(8)	(9)	(10)	(11)	(12)	(13)	(14)	(15)
1	农具器具	铁耙子		个	村头仓库	李明	1000	2,500.00					1000	2,500.00	
2	农具器具	备用轮胎		个	村头仓库	李明	1	360.00					1	360.00	
3	农具器具	检测仪		台	村头仓库	李明	1	200.00					1	200.00	
4															
5															
6															
7															
8															
9															
合计		—	—	—	—	—	—	3,060.00	—	—	—	—	—	3,060.00	—

相关情况说明：

填表人：

清产核资工作小组负责人（签章）：

（2）《库存商品清查登记表》的填报

本表反映库存商品清查前后的变动情况。本表根据“库存商品”明细科目分析填列。“盘盈”指账面未登记存货的现值，即有物无账；“盘亏”指账面已登记存货灭失（按账面值填写），即有账无物。“核实数” = “账面数” + “清查核实盘盈” - “清查核实盘亏”。“盘盈”“盘亏”等情况，要在“备注”中填写盘盈（亏）原因。表内勾稽关系：（13）=（7）+（9）-（11）；（14）=（8）+（10）-（12）。

【案例】2018 年 8 月 15 日，某村集体经济组织在清产核资时对库存商品进行清查，2017 年 12 月 31 日库存商品账面余额 2 840 元。其中，农药 12 瓶，金额 800 元；尿素 12 袋，金额 240 元；特种稻子 100 斤，金额 1 800 元。2018 年 8 月 15 日资产清查时发现库存商品账面余额 3 020 元，2018 年 1 月 1 日至 2018 年 8 月 15 日购入三袋化肥，价值 180 元。查实原因并进行账务处理如下：

（1）盘点库存商品，农药多出 3 瓶，账面价值 180 元；尿素撒出损失 5 袋，账面价值 20 元/袋。经集体经济组织成员（代表）大会讨论决定并报批：农药多出 3 瓶作盘盈处理；尿素确认盘亏损失。

借：库存商品—农药　　180
　　贷：未分配利润　　180
借：未分配利润　　100
　　贷：库存商品—尿素　　100

（2）盘盈特种稻子 30 斤，每斤 18 元，共计 540 元。

借：库存商品—特种稻子　　540
　　贷：未分配利润　　540

（3）发现特种稻子发霉变质 50 斤，入库时每斤 15 元，全部由村里承担，经村集体经济组织成员（代表）大会讨论，报乡经管站审核批准，计入未分配利润。

借：未分配利润　　750
　　贷：库存商品—特种稻子　　750

则库存商品清查核实情况如下：

账面数＝2 840 元

清查时点数＝3 020 元

倒轧至清产核资基准日账面余额＝3 020－180＝2 840（元）

清查核实盘盈数＝720 元

清查核实盘亏数＝850 元

核实数＝账面数＋清查核实盘盈－清查核实盘亏

＝2 840＋720－850

＝2 710（元）

见表格“京农清明细 04－2”。

库存商品清查登记表

京农清明细04－2

xxxx 乡 xxxx 村集体经济组织　　2017 年 12 月 31 日　　单位：元、个、台、千克等

编号	类别	物资名称	规格型号	计量单位	存放地点	保管员姓名	账面数		清查核实				核实数		备注
									盘盈＋		盘亏－				
							数量	金额	数量	金额	数量	金额	数量	金额	
	（1）	（2）	（3）	（4）	（5）	（6）	（7）	（8）	（9）	（10）	（11）	（12）	（13）	（14）	（15）
1	生产物资	农药		瓶	仓库	张三	12	800.00	3	180.00			15	980.00	盘盈
2	生产物资	尿素		袋	仓库	张三	12	240.00			5	100.00	7	140.00	撤出
3	生产物资	特种稻子		斤	仓库	张三	100	1,800.00	30	540.00	50	750.00	80	1,590.00	盘盈盘亏
4															
5															
6															
合计		—	—	—	—	—	—	2,840.00	—	720.00	—	850.00	—	2,710.00	—

相关情况说明：

填表人：

清产核资工作小组负责人（签章）：

（3）《发出商品清查登记表》的填报

本表反映发出商品清查前后的变动情况。本表根据“发出商品”明细科目分析填列。“盘盈”指账面未登记存货的现值，即有物无账；“盘亏”指账面已登记存货灭失（按账面值填写），即有账无物。“核实数”＝“账面数”＋“清查核实盘盈”－“清查核实盘亏”。“盘盈”“盘亏”等情况，要在“备注”中填写盘盈（亏）原因。表内勾稽关系：（13）=（7）+（9）-（11）；（14）=（8）+（10）-（12）。

见表格“京农清明细04－3”。

发出商品清查登记表

京农清明细04－3

xxxx 乡 xxxx 村集体经济组织　　2017 年 12 月 31 日　　单位：元、个、台、千克等

编号	类别	物资名称	规格型号	计量单位	存放地点	保管员姓名	账面数		清查核实				核实数		备注
									盘盈＋		盘亏－				
							数量	金额	数量	金额	数量	金额	数量	金额	
	(1)	(2)	(3)	(4)	(5)	(6)	(7)	(8)	(9)	(10)	(11)	(12)	(13)	(14)	(15)
1															
2															
3															
4															
5															
6															
7															
8															
9															
合计		—	—	—	—	—	—		—		—		—		

相关情况说明：

填表人：

清产核资工作小组负责人（签章）：

(4)《在途商品清查登记表》的填报

本表反映在途商品清查前后的变动情况。本表根据“在途商品”明细科目分析填列。“盘盈”指账面未登记存货的现值，即有物无账；“盘亏”指账面已登记存货灭失（按账面值填写），即有账无物。“核实数”=“账面数”+“清查核实盘盈”-“清查核实盘亏”。“盘盈”“盘亏”等情况，要在“备注”中填写盘盈（亏）原因。表内勾稽关系：(13)=(7)+(9)-(11);(14)=(8)+(10)-(12)。

见表格“京农清明细04-4”。

在途商品清查登记表

京农清明细04－4

xxxx乡xxxx村集体经济组织　　2017年12月31日　　单位：元、个、台、千克等

编号	类别	物资名称	规格型号	计量单位	存放地点	保管员姓名	账面数		清查核实				核实数		备注
									盘盈＋		盘亏－				
							数量	金额	数量	金额	数量	金额	数量	金额	
	(1)	(2)	(3)	(4)	(5)	(6)	(7)	(8)	(9)	(10)	(11)	(12)	(13)	(14)	(15)
1															
2															
3															
4															
5															
6															
7															
8															
9															
合计		—	—	—	—	—	—		—		—		—		

相关情况说明：

填表人：

清产核资工作小组负责人（签章）：

（5）《商品进销差价清查登记表》的填报

本表反映商品进销差价清查前后的变动情况。本表根据“商品进销差价”明细科目分析填列。“盘盈”指账面未登记存货的现值，即有物无账；“盘亏”指账面已登记存货灭失（按账面值填写），即有账无物。“核实数”＝“账面数”＋“清查核实盘盈”－“清查核实盘亏”。“盘盈”“盘亏”等情况，要在“备注”中填写盘盈（亏）原因。表内勾稽关系：（13）＝（7）＋（9）－（11）；（14）＝（8）＋（10）－（12）。

见表格“京农清明细 04－5”。

商品进销差价清查登记表

京农清明细 04 – 5

xxxx 乡 xxxx 村集体经济组织　　2017 年 12 月 31 日　　单位：元、个、台、千克等

编号	类别	物资名称	规格型号	计量单位	存放地点	保管员姓名	账面数		清查核实				核实数		备注
									盘盈 +		盘亏 –				
							数量	金额	数量	金额	数量	金额	数量	金额	
	(1)	(2)	(3)	(4)	(5)	(6)	(7)	(8)	(9)	(10)	(11)	(12)	(13)	(14)	(15)
1															
2															
3															
4															
5															
6															
7															
8															
9															
合计		—	—	—	—	—	—		—		—		—		

相关情况说明：

填表人：

清产核资工作小组负责人（签章）：

(6)《委托加工物资清查登记表》的填报

本表反映委托加工物资清查前后的变动情况。本表根据“委托加工物资”明细科目分析填列。“盘盈”指账面未登记存货的现值，即有物无账；“盘亏”指账面已登记存货灭失（按账面值填写)，即有账无物。“核实数” = “账面数” + “清查核实盘盈” - “清查核实盘亏”。“盘盈”“盘亏”等情况，要在“备注”中填写盘盈（亏）原因。表内勾稽关系：(13) = (7) + (9) - (11);(14) = (8) + (10) - (12)。

见表格“京农清明细 04 - 6”。

委托加工物资清查登记表

京农清明细04－6

xxxx 乡 xxxx 村集体经济组织　　2017 年 12 月 31 日　　单位：元、个、台、千克等

编号	类别	物资名称	规格型号	计量单位	存放地点	保管员姓名	账面数		清查核实				核实数		备注
									盘盈＋		盘亏－				
							数量	金额	数量	金额	数量	金额	数量	金额	
	(1)	(2)	(3)	(4)	(5)	(6)	(7)	(8)	(9)	(10)	(11)	(12)	(13)	(14)	(15)
1															
2															
3															
4															
5															
6															
7															
8															
9															
合计		—	—	—	—	—	—		—		—		—		

相关情况说明：

填表人：

清产核资工作小组负责人（签章）：

（7）《农产品清查登记表》的填报

本表反映农产品清查前后的变动情况。本表根据“农产品”明细科目填列。“盘盈”指账面未登记存货的现值，即有物无账；“盘亏”指账面已登记存货灭失（按账面值填写），即有账无物。“核实数”＝“账面数”＋“清查核实盘盈”－“清查核实盘亏”。“盘盈”“盘亏”等情况，要在“备注”中填写盘盈（亏）原因。表内勾稽关系：（13）＝（7）＋（9）－（11）；（14）＝（8）＋（10）－（12）。

见表格“京农清明细04－7”。

农产品清查登记表

京农清明细04－7

xxxx乡xxxx村集体经济组织　　2017年12月31日　　单位：元、个、台、千克等

编号	类别	物资名称	规格型号	计量单位	存放地点	保管员姓名	账面数		清查核实				核实数		备注
									盘盈＋		盘亏－				
							数量	金额	数量	金额	数量	金额	数量	金额	
	(1)	(2)	(3)	(4)	(5)	(6)	(7)	(8)	(9)	(10)	(11)	(12)	(13)	(14)	(15)
1															
2															
3															
4															
5															
6															
7															
8															
9															
合计		—	—	—	—	—	—		—		—		—		

相关情况说明：

填表人：

清产核资工作小组负责人（签章）：

（8）《消耗性生物资产（牲（禽）、林木资产除外）清查登记表》的填报。

本表反映消耗性生物资产（牲（禽）、林木资产除外）清查前后的变动情况。本表根据“消耗性生物资产”明细科目剔除“牲畜（禽）、林木资产”后填列。“盘盈”指账面未登记存货的现值，即有物无账；“盘亏”指账面已登记存货灭失（按账面值填写），即有账无物。“核实数”=“账面数”+“清查核实盘盈”-“清查核实盘亏”。“盘盈”“盘亏”等情况，要在“备注”中填写盘盈（亏）原因。表内勾稽关系：(13)=(7)+(9)-(11)；(14)=(8)+(10)-(12)。

见表格“京农清明细04-8”。

消耗性生物资产（牲（禽）、林木资产除外）清查登记表

京农清明细04－8

xxxx乡xxxx村集体经济组织　　2017年12月31日　　单位：元、个、台、千克等

编号	类别	物资名称	规格型号	计量单位	存放地点	保管员姓名	账面数		清查核实				核实数		备注
									盘盈＋		盘亏－				
							数量	金额	数量	金额	数量	金额	数量	金额	
	(1)	(2)	(3)	(4)	(5)	(6)	(7)	(8)	(9)	(10)	(11)	(12)	(13)	(14)	(15)
1															
2															
3															
4															
5															
6															
7															
8															
9															
合计		—	—	—	—	—	—		—		—		—		

相关情况说明：　　清产核资工作小组负责人（签章）：

填表人：

92.《牲畜（禽）资产清查登记表》怎样填报？

【解答】本表反映牲（禽）资产清查前后的变动情况。本表应根据“消耗性生物资产”、“生产性生物资产”等科目中牲畜（禽）资产内容填列。“盘盈”指账面未登记牲畜（禽）资产的现值，即有物无账；“盘亏”指账面已登记牲畜（禽）资产灭失（按账面值填写），即有账无物。“核实数”=“账面数（合计）”+“清查核实盘盈”-“清查核实盘亏”。“盘盈”“盘亏”等情况，要在“备注”中填写盘盈（亏）原因。表内勾稽关系：(5)=(7)+(9)；(18)=(5)+(11)-(13)+(15)-(17)。

【案例】2018年8月15日，某村集体经济组织在清产核资时对牲畜（禽）资产进行清查，截止2017年12月31日产役畜明细账账面余额106 100元，其中，羊7只，价值2 100元；猪5只，价值4 000元；牛20头，价值100 000元。2018年8月15日入场清查时账面产役畜资产余额106 700元，2018年1月1日至2018年8月15日新增两只羊，价值600元。经清查发现情况如下：

（1）饲养的羊死亡2只，账面价值600元。经集体经济组织成员（代表）大会讨论，报经乡经管站审核批准，确认损失。账务调整为：

借：未分配利润　　600

　　贷：牲畜（禽）资产—产役畜—羊　　600

（2）盘盈猪一头，经评估，价值800元，报经乡经管站审核批准，准予入账。

借：牲畜（禽）资产—产役畜—猪　　800

　　贷：未分配利润　　800

（3）有一只牛遗失，账面价值5 000元，经集体经济组织成员（代表）大会讨论，报经乡经管站审核批准，损失全部由村里承担。

借：未分配利润　　5 000

贷：牲畜（禽）资产—产役畜—牛　　　　5 000

则清产核资结果如下：

账面数 =106 100 元

清查时账面余额 =106 700 元

倒轧至清产核资基准日账面数 =106 700 -600 =106 100（元）

清查核实盘盈数 =800 元

清查核实盘亏数 =5 600 元

核实数 = 账面数 + 清查核实盘盈 - 清查核实盘亏

=106 100 +800 -5 600 =101 300（元）

见表格“京农清明细 05”。

牲畜（禽）资产清查登记表

京农清明细 05

xxxx 乡 xxxx 村集体经济组织　　201 7 年 12 月 31 日　　单位：元、只、头等

编号	品种	计量单位	饲养地点	饲养员姓名	账面数					清查核实								核实数	备注
					合计（金额）	幼畜及育肥畜（消耗性生物资产）		产役畜（生产性生物资产）		幼畜及育肥畜				产役畜				金额	
										盘盈 +		盘亏 -		盘盈 +		盘亏 -			
						数量	金额	数量	金额	数量	金额	数量	金额	数量	金额	数量	金额		
	(1)	(2)	(3)	(4)	(5)	(6)	(7)	(8)	(9)	(10)	(11)	(12)	(13)	(14)	(15)	(16)	(17)	(18)	(19)
1	羊	只	村羊圈	王强	2,100.00			7	2,100.00							2	600.00	1,500.00	死亡
2	猪	只	村猪圈	王强	4,000.00			5	4,000.00					1	800.00			4,800.00	盘盈
3	牛	只	村牛圈	王强	100,000.00			20	100,000.00							1	5,000.00	95,000.00	遗失
4																			
5																			
6																			
合计		—	—	—	106,100.00	—		—	106,100.00	—	—	—	—	—	800.00	—	5,600.00	101,300.00	

相关事项说明：

填表人：

清产核资工作小组负责人（签章）：

93.《林木资产清查登记表》怎样填报?

【解答】本表反映林木资产清查前后的变动情况。本表应根据“消耗性生物资产”“生产性生物资产”等科目中林木资产内容填列。“盘盈”指账面未登记林木资产的现值，即有物无账；“盘亏”指账面已登记林木资产灭失（按账面值填写），即有账无物。“核实数”＝“账面数（合计）”＋“清查核实盘盈”－“清查核实盘亏”。“盘盈”“盘亏”等情况，要在“备注”中填写盘盈（亏）原因。表内勾稽关系：(4)＝(6)＋(8)＋(10)＋(12)；(21)＝(4)＋(14)－(16)＋(18)－(20)。

【案例】2018年8月15日，某村集体经济组织在清产核资时对林木资产进行清查。其中，经济林木：2017年12月31日账面有8棵，系2016年5月投产的桃树，账面净值（摊销后）100元/棵；非经济济林木：2017年12月31日账面有10棵，为村集体已郁闭的银杏树，账面价值1 890元。假设2017年12月31日到清查时点林木资产没有增减变动情况。2018年8月15日资产清查时发现如下情况：

(1) 2016年7月已郁闭12棵杨树未入账，价值1 000元；已投产的桃树死亡5棵，账面净值（摊销后）100元/棵，经集体经济组织成员（代表）大会讨论通过，并报乡经管站审核批准，予以核销。

借：林木资产—非经济林木　　1 000
　　贷：资本公积　　1 000
借：未分配利润　　500
　　贷：林木资产—经济林木　　500

(2) 2016年已郁闭30棵银杏树未账，经评估每棵成本为40元。

借：林木资产—非经济林木—银杏树　　1 200

贷：资本公积　　　　　　　　　　　　　1 200

（3）2017 年 8 月有 3 棵银杏树价值 600 元因暴风刮倒死亡，经集体经济组织成员（代表）大会讨论，报经乡经管站审核批准，损失由村里承担。

借：未分配利润　　　　　　　　　　　600

贷：林木资产—非经济林木—银杏树　　　　　600

则经济林木清产核实如下：

账面数 =800 元

清查核实盘亏数 =500 元

清查核实盘盈数 =0

核实数数 =800 - 500 =300（元）

非经济林木清产核实如下：

账面数 =1 890 元

清查时点数 =1 890 元

清查核实盘盈数 =1 000 +1 200 =2 200（元）

清查核实盘亏数 =600 元

核实数 =1 890 +2 200 - 600 =3 490（元）

见表格“京农清明细 06”。

林木资产清查登记表

京农清明细06

xxxx乡xxxx村集体经济组织　　2017年12月31日　　单位：元、棵等

编号	品种	生长地点	管理员姓名	账面数									清查核实								核实数	备注
				合计	经济林木				非经济林木				经济林木				非经济林木				金额	
					投产前		投产后		郁闭前		郁闭后		盘盈+		盘亏-		盘盈+		盘亏-			
				金额	数量	金额	数量	金额	数量	金额	数量	金额	数量	金额	数量	金额	数量	金额	数量	金额		
	(1)	(2)	(3)	(4)	(5)	(6)	(7)	(8)	(9)	(10)	(11)	(12)	(13)	(14)	(15)	(16)	(17)	(18)	(19)	(20)	(21)	(22)
1	桃树	**	陈超	800.00			8	800.00							5	500.00					300.00	
2	银杏树	**	陈超	1,890.00							10	1,890.00					30	1,200.00	3	600.00	2,490.00	
3	杨树	**	陈超														10	1,000.00			1,000.00	
4																						
5																						
6																						
合计				2,690.00	—	—	8	800.00	—	—	10	1,890.00	—	—	—	500.00	—	2,200.00	—	600.00	3,790.00	

相关事项说明：

填表人：

清产核资工作小组负责人（签章）：

94.《长期投资清查登记表》怎样填报？

【解答】由于北京市农村工作委员会等10部门联合下发的《北京市农村集体资产清产核资报表》（京政函〔2018〕26号）是以《北京市村合作经济组织会计制度实施细则》（农经字〔2010〕13号）为基础编制。长期投资对应的科目按照《北京市村合作经济组织会计制度实施细则》的规定，具体分为长期股权投资、长期债权投资等2个一级科目。为便于填报人员直接根据明细账簿填报，其农村集体资产清产核资报表也按前述2个会计科目分别设置报表填报。

（1）《长期股权投资清查登记表》的填报

本表反映长期股权投资清查前后的变动情况。本表应根据“长期股权投资”明细科目填列。“利润分配形式”指投资分配的办法，包括按股分红、定额分红等。“账面数（合计）”=“资币资金出资”+“实物折价出资”；“核实数”=“账面数（合计）”+“清查核实增加”-“清查核实减少”。增加或减少等情况，要在“备注”中填写增加（减少）原因。表内勾稽关系：（5）=（6）+（7）；（13）=（5）+（11）-（12）。

【案例】2018年8月15日，某村集体经济组织在清产核资时对长期股权投资进行清查。截止2017年12月31日，长期股权投资明细账借方余额60 000元，账面记录系村集体2004年以机器设备出资入股一家建筑企业。经清查核实，清查时点长期投资余额为180 000元，2017年12月31日到清查时点新增对ABC公司长期股权投资150 000元；转让ABC公司股权收回投资30 000元。则长期投资清查结果如下：

账面数＝60 000元

清查时点账面余额＝180 000元

倒轧至清产核资基准日时点数＝180 000＋30 000－150 000

＝60 000（元）

核实数＝60 000元

见表格“京农清明细07－1”。

长期股权投资清查登记表

京农清明细 07 – 1

xxxx 乡 xxxx 村集体经济组织　　2017 年 12 月 31 日　　单位：元

编号	投资对象	投资时间	投资期限	投资形式	账面数			利润分配形式	应收股息或利息	应收未收利润或分红	清查核实		核实数	备注
					合计	出资形式					增加 +	减少 –		
						货币资金	实物折价							
	(1)	(2)	(3)	(4)	(5)	(6)	(7)	(8)	(9)	(10)	(11)	(12)	(13)	(14)
1	建筑企业	2004 年	长期	股权投资	60,000.00		60,000.00	定额分红					60,000.00	
2														
3														
4														
5														
6														
合计		—	—	—	60,000.00	—	60,000.00	—	—	—	—	—	60,000.00	—

相关事项说明：

填表人：

清产核资工作小组负责人（签章）：

（2）《长期债权投资清查登记表》的填报

本表反映长期债权投资清查前后的变动情况。本表应根据“长期债权投资”科目填列。“利润分配形式”指债权投资利息计算办法，包括票面利率、固定利率等。“账面数（合计）”＝“货币资金出资”＋“实物折价出资”；“核实数”＝“账面数（合计）”＋“清查核实增加”－“清查核实减少”。增加或减少等情况，要在“备注”中填写原因。表内勾稽关系：（5）＝（6）＋（7），（13）＝（5）＋（11）－（12）。

见表格“京农清明细 07－2”。

长期债权投资清查登记表

京农清明细 07 – 2

xxxx 乡 xxxx 村集体经济组织　　　2017 年 12 月 31 日　　　单位：元

编号	投资对象	投资时间	投资期限	投资形式	账面数			利润分配形式	应收股息或利息	应收未收利润或分红	清查核实		核实数	备注
					合计	出资形式					增加 +	减少 –		
						货币资金	实物折价							
	(1)	(2)	(3)	(4)	(5)	(6)	(7)	(8)	(9)	(10)	(11)	(12)	(13)	(14)
1														
2														
3														
4														
5														
6														
7														
8														
9														
合计		—	—	—				—						—

相关事项说明：

填表人：

清产核资工作小组负责人（签章）：

95.《固定资产清查登记表－1（经营性固定资产）》怎样填报？

【解答】 本表反映经营性固定资产（用于经营的房屋、建筑物、机器设备、工具器具等固定资产）及固定资产清理清查前后的变动情况。经营性固定资产清查应按照“房屋建筑”“机器设备”“其他”三类分别依次填列。“构（购）建时间”指房屋建筑类的构建时间或设备类的购买安装时间。“坐落或置放位置”指房屋建筑类的坐落位置或设备类的置放位置。“使用情况”中“其他”栏，主要写固定资产损毁、待报废等情况。固定资产一般不进行价值重估，“盘盈”指账面未登记固定资产的现值，即有物无账；“盘亏”指账面已登记但无实物的固定资产损失（按账面值填写），即有账无物。“净值”＝“原值”－“已提折旧”；“核实数”＝“账面数（净值）”＋“清查核实盘盈”－“清查核实盘亏”。“盘盈”“盘亏”等情况，要在“备注”栏中填写盘盈（亏）原因。表内勾稽关系：（14）＝（12）－（13）；（19）＝（11）＋（15）－（17）；（20）＝（14）＋（16）－（18）。

【案例】 某村集体经济组织截止 2017 年 12 月 31 日固定资产清理科目账面无余额，固定资产明细账如下：

（1）2011 年购建插秧机 1 台，账面原值为 40 000 元，已提折旧 20 000 元，账面净值为 20 000 元。

（2）2006 年购建水泵 1 台，账面原值为 6 000 元，已提折旧 2 000 元，账面净值为 4 000 元。

（3）2015 年购建 1 台扬场机，账面原值为 3 500 元，已提折旧 2 500 元，账面净值 1 000 元。

2018 年 8 月 15 日，该集体经济组织对上述经营性固定资产进行实地盘点，发现如下情况：

盘盈拖拉机一台，同类设备市场价格为 16 000 元，经集体经济组织成员（代表）大会讨论并报经乡经管站审核批准，准予入账。

借：固定资产——生产经营性——拖拉机　　16 000

　　贷：资本公积　　16 000

则固定资产清查结果如下：

账面余额 = 20 000 + 4 000 + 1 000 = 25 000（元）

清查核实盘盈数 = 16 000 元

核实数 = 25 000 + 16 000 = 41 000（元）

见表格“京农清明细 08 - 1”。

固定资产清查登记表 –1
（经营性固定资产）

农清明细 08 –1

xxxx 乡 xxxx 村集体经济组织　　2017 年 12 月 31 日　　单位：元、个、台、m^2

编号	类别	名称	构（购）建时间	坐落或置放位置	规格型号	使用情况						账面数				清查核实				核实数		备注
						出租或出借			自用	闲置	其他	数量或建筑面积	原值	已提折旧	净值	盘盈 +		盘亏 -		数量或建筑面积	金额	
						对象	期限	年租金								数量或建筑面积	金额	数量或建筑面积	金额			
		(1)	(2)	(3)	(4)	(5)	(6)	(7)	(8)	(9)	(10)	(11)	(12)	(13)	(14)	(15)	(16)	(17)	(18)	(19)	(20)	(21)
1	一、房屋建筑																					
2																						
5	二、机器设备																					
6		插秧机	2011 年	村内					√			1	40,000.00	20,000.00	20,000.00						20,000.00	
7		水泵	2006 年	村内					√			1	6,000.00	2,000.00	4,000.00						4,000.00	
8		扬场机	2015 年	村内					√			1	3,500.00	2,500.00	1,000.00						1,000.00	
9		拖拉机	2018 年	村内					√							1	16,000.00				16,000.00	
10	三、其他																					
11																						
12																						
小计			—	—	—	—	—	—	—	—	—	—	49,500.00	24,500.00	25,000.00	—	16,000.00	—	—	—	41,000.00	—

相关事项说明：

填表人：

清产核资工作小组负责人（签章）：

与此相对应，本次清产核资工作中，本市按照《北京市村合作经济组织会计制度实施细则》的规定，将“固定资产清理”科目也分为经营性固定资产清理和非经营性固定资产清理清两大类，并设置相应的清查登记表分别填报，而不仅仅将固定资产清理金额、核实金额作为附报资料列报，具体如下：

（1）《固定资产清理清查登记表－1（经营性固定资产）》的填报

本表反映经营性固定资产（用于经营的房屋、建筑物、机器设备、工具器具等固定资产）清理清查前后的变动情况。经营性固定资产清理清查应按照“房屋建筑”“机器设备”“其他”三类分别依次填列。“构（购）建时间”指房屋建筑类的构建时间或设备类的购买安装时间。“坐落或置放位置”指房屋建筑类的坐落位置或设备类的置放位置。“使用情况”中“其他”栏，主要填写固定资产损毁、待报废等情况。固定资产清理一般不进行价值重估，“盘盈”指账面未登记固定资产的现值，即有物无账；“盘亏”指账面已登记但无实物的固定资产损失（按账面值填写），即有账无物。“净值”＝“原值”－“已提折旧”；“核实数”＝“账面数（净值）”＋“清查核实盘盈”－“清查核实盘亏”。“盘盈”“盘亏”等情况，要在“备注”栏中填写原因。表内勾稽关系：（14）＝（12）－（13），（19）＝（11）＋（15）－（17），（20）＝（14）＋（16）－（18）。

见表格“京农清明细08－3”。

固定资产清理清查登记表 –1
（经营性固定资产）

农清明细 08 – 3

xxxx 乡 xxxx 村集体经济组织　　　2017 年 12 月 31 日　　　单位：元、个、台、㎡

编号	类别	名称	构(购)建时间	坐落或置放位置	规格型号	使用情况						账面数				清查核实				核实数		备注
						出租或出借			自用	闲置	其他	数量或建筑面积	原值	已提折旧	净值	盘盈 +		盘亏 -		数量或建筑面积	金额	
						对象	期限	年租金								数量或建筑面积	金额	数量或建筑面积	金额			
		(1)	(2)	(3)	(4)	(5)	(6)	(7)	(8)	(9)	(10)	(11)	(12)	(13)	(14)	(15)	(16)	(17)	(18)	(19)	(20)	(21)
1	一、房屋建筑																					
2																						
3																						
4																						
5	二、机器设备																					
6																						
7																						
8																						
9	三、其他																					
10																						
11																						
12																						
小计			—	—	—	—	—	—	—	—	—	—				—		—		—		

相关事项说明：

填表人：

清产核资工作小组负责人（签章）：

（2）《固定资产清理清查登记表-2（非经营性固定资产）》的填报

本表反映非经营性固定资产清理清查前后的变动情况。非经营性固定资产清理清查应按照“房屋建筑”“机器设备”“其他”三类分别依次填列。“构（购）建时间”指房屋建筑类的构建时间或设备类的购买安装时间。“坐落或置放位置”指房屋建筑类的坐落位置和设备类的置放位置。“使用情况”中“其他”栏，主要填写固定资产毁损、报废等情况。固定资产清理一般不进行价值重估，“盘盈”指账面未登记固定资产的现值，即有物无账；“盘亏”指账面已登记但无实物的固定资产损失（按账面值填写），即有账无物。“净值”=“原值”-“已提折旧”；“核实数”=“账面数（净值）”+“清查核实盘盈”-“清查核实盘亏”。“盘盈”“盘亏”等情况，要在“备注”中填写原因。表内勾稽关系：（11）=（9）-（10），（16）=（8）+（12）-（14），（17）=（11）+（13）-（15）。

见表格“京农清明细08-4”。

固定资产清理清查登记表 –2
（非经营性固定资产）

农清明细 08 – 4

xxxx 乡 xxxx 村集体经济组织　　2017 年 12 月 31 日　　单位：元、个、台、㎡

编号	类别	名称	构（购）建时间	坐落或置放位置	规格型号	使用情况						账面数				清查核实				核实数		备注
						出租或出借			自用	闲置	其他	数量或建筑面积	原值	已提折旧	净值	盘盈 +		盘亏 -		数量或建筑面积	金额	
						对象	期限	年租金								数量或建筑面积	金额	数量或建筑面积	金额			
		(1)	(2)	(3)	(4)	(5)	(6)	(7)	(8)	(9)	(10)	(11)	(12)	(13)	(14)	(15)	(16)	(17)	(18)	(19)	(20)	(21)
1	一、房屋建筑																					
2																						
3																						
4																						
5	二、机器设备																					
6																						
7																						
8																						
9	三、其他																					
10																						
11																						
12																						
小计			—	—	—	—	—	—	—	—	—	—				—		—		—		

相关事项说明：

填表人：

清产核资工作小组负责人（签章）：

96.《固定资产清查登记表－2（非经营性固定资产）》怎样填报？

【解答】本表反映非经营性固定资产（用于公共服务的教育、科技、文化、卫生、体育等方面的固定资产）及固定资产清理清查前后的变动情况。非经营性固定资产清查应按照“房屋建筑”、“机器设备”、“其他”三类分别依次填列。“构（购）建时间”指房屋建筑类的构建时间或设备类的购买安装时间。“坐落或置放位置”指房屋建筑类的坐落位置或设备类的置放位置。“使用情况”中“其他”栏，主要填写固定资产毁损、报废等情况。固定资产一般不进行价值重估，“盘盈”指账面未登记固定资产的现值，即有物无账；“盘亏”指账面已登记但无实物的固定资产损失（按账面值填写），即有账无物。“净值”＝“原值”－“已提折旧”；“核实数”＝“账面数（净值）”＋“清查核实盘盈”－“清查核实盘亏”。“盘盈”“盘亏”等情况，要在“备注”中填写盘盈（亏）原因。表内勾稽关系：（11）=（9）－（10）;（16）=（8）+（12）－（14）;（17）=（11）+（13）－（15）。

【案例】某村集体经济组织2017年12月31日固定资产明细账有如下非经营性资产：

（1）1996年构建的村委会办公楼，账面原值为120 000元，已提折旧40 000元，账面净值80 000元。

（2）2015年购建的10台电脑，账面原值为30 000元，已提折旧10 000元，账面净值20 000元。

（3）1997年构建文化室，账面原值为20 000元，已提折旧15 000元，账面净值5 000元。

2018年8月15日，该集体经济组织对上述非经营性固定资产进行实地盘点，发现如下情况：

文化室已处报废状态，原值20 000元，已提折旧15 000元，经集体经济组织成员（代表）大会讨论同意，并报乡经管站审核批准，准予报废。

借：未分配利润　　5 000

　　累计折旧　　15 000

　　贷：固定资产—冷库　　20 000

账面数 = 80 000 + 20 000 + 5 000 = 105 000（元）

清查时点数 = 105 000 元

清查核实盘亏数 = 5 000 元

核实数 = 105 000 − 5 000 = 100 000（元）

见表格“京农清明细 08 − 2”。

固定资产清查登记表 – 2
（非经营性固定资产）

京农清明细 08 – 2

xxxx 乡 xxxx 村集体经济组织　　2017 年 12 月 31 日　　单位：元、个、台、㎡

编号	类别	名称	构（购）建时间	坐落或置放位置	规格型号	使用情况			账面数				清查核实				核实数		备注
						自用	闲置	其他	数量或建筑面积	原值	已提折旧	净值	盘盈 +		盘亏 –		数量或建筑面积	金额	
													数量或建筑面积	金额	数量或建筑面积	金额			
		（1）	（2）	（3）	（4）	（5）	（6）	（7）	（8）	（9）	（10）	（11）	（12）	（13）	（14）	（15）	（16）	（17）	（18）
1	一、房屋建筑																		
2		办公楼	1996 年	村委会		√				120, 000. 00	40, 000. 00	80, 000. 00						80, 000. 00	
3		文化室	1997 年	村委会		√				20, 000. 00	15, 000. 00	5, 000. 00				5, 000. 00		—	
4																			
5	二、机器设备																		
6		电脑	2015 年	村委会					10	30, 000. 00	10, 000. 00	20, 000. 00					10	20, 000. 00	
7																			
8																			
9	三、其他																		
10																			
小计			—	—	—	—	—	—	—	170, 000. 00	65, 000. 00	105, 000. 00	—	—	—	5, 000. 00	—	100, 000. 00	—

相关事项说明：　　　　清产核资工作小组负责人（签章）：

填表人：

97.《在建工程清查登记表－1（经营性在建工程）》怎样填报?

【解答】 本表反映经营性在建工程清查前后的变动情况，含登记在建的各类经营性工程建设项目，及已完工未结转的建设项目。无法形成固定资产的，在“相关事项说明”中列明原因。账面数和核实数有差异的要在“备注”中填写差异原因。表内勾稽关系：(15)＝(9)＋(11)－(13)；(16)＝(10)＋(12)－(14)。

【案例】 截止2017年12月31日，某村集体经济组织在2012年开始自建的出租用店面，账面价值为4 444元。

2018年8月15日在对经营性在建工程进行实地盘点中发现：2012年挂账于“在建工程”中的出租用店面已经完全报废，无法形成固定资产。

经村集体经济组织成员（代表）大会讨论，并报乡经管站审核同意，进行核销。

借：未分配利润　　　　　　　　　　　　4 444

　　贷：在建工程—农田水利设施　　　　　　　　4 444

则经营性在建工程清查核资如下：

账面数＝4 444元

清查时点数＝4 444元

核实数＝0

清查核实减少数＝4 444－0＝4 444（元）

见表格“京农清明细09－1”。

在建工程清查登记表－1
（经营性在建工程）

京农清明细09－1

xxxx乡 xxxx村集体经济组织　　2017 年 12 月 31 日　　单位：元、㎡

编号	工程名称	承建单位	坐落位置	开工时间	预计完工时间	完工进度%	投资预算		账面数		盘盈＋		盘亏－		核实数		备注
							占地面积	金额	占地面积	已投资金额	面积	金额	面积	金额	占地面积	已投资金额	
	（1）	（2）	（3）	（4）	（5）	（6）	（7）	（8）	（9）	（10）	（11）	（12）	（13）	（14）	（15）	（16）	（17）
1	出租用店面	自建	村内	2012年						4,444.00				4,444.00		0	不能形成固定资产
2																	
3																	
4																	
5																	
6																	
7																	
8																	
9																	
小计								—		4,444.00	—	—	—	4,444.00	—	—	—

相关事项说明：无法形成固定资产的，在“相关事项说明”中列明原因

填表人：

清产核资工作小组负责人（签章）：

98.《在建工程清查登记表－2（非经营性在建工程）》怎样填报？

【解答】本表反映非经营性在建工程清查前后的变动情况，含登记在建的各类非经营性工程建设项目，及已完工未结转的建没项目。无法形成固定资产的，在“相关事项说明”列明原因。账面数和核实数有差异的，要在“备注”栏中填写差异原因。表内勾稽关系：(15)＝(9)＋(11)－(13)；(16)＝(10)＋(12)－(14)。

【案例】截止 2017 年 12 月 31 日，某村集体经济组织非经营性在建工程明细账如下：

1. 2015 年开始自建尚未竣工的村内道路桥一座，2017 年末账面价值为 26 万元。

2. 2016 年 5 月开始修建村内公路，承建单位为 A 公司，预计完工时间为 2018 年 7 月，长度为 200 米宽 5 米，总投资预算 10 万元；2017 年末已投资金额 7.5 万元，完工进度 70%。2017 年末到清查时点，非经营性在建工程无增减变动。

2018 年 8 月 15 日，对非经营性在建工程进行实地盘点中发现如下情况：2015 年开建的村内道路桥已经无法形成固定资产并交付使用，经集体经济组织成员（代表）大会讨论决定，并报乡经管站审核批准，冲减资本公积。

借：资本公积　　　　　　　　　　　260 000

　　贷：在建工程—桥梁　　　　　　　　　260 000

则非经营性在建工程清查核实情况如下：

账面数＝260 000＋75 000＝335 000（元）

清查时点数＝335 000 元

清查核实盘亏数＝260 000 元

核实数＝335 000－260 000＝75 000（元）

见表格“京农清明细 09－2”。

在建工程清查登记表－2
（非经营性在建工程）

京农清明细09－2

xxxx乡 xxxx村集体经济组织　　2017 年 12 月 31 日　　单位：元、m²

编号	工程名称	承建单位	坐落位置	开工时间	预计完工时间	完工进度%	投资预算		账面数		核实数		备注
							占地面积	金额	占地面积	已投资金额	占地面积	已投资金额	
	(1)	(2)	(3)	(4)	(5)	(6)	(7)	(8)	(9)	(10)	(11)	(12)	(13)
1	道路桥	自建	村内	2015年						260,000.00		—	无法交付使用
2	村内公路	A公司	村内	2016年5月	2018年7月	75%	1000	100,000.00	700	75,000.00	700	75,000.00	
3													
4													
5													
6													
7													
8													
小计		—	—	—	—	—	—	100,000.00	—	335,000.00	—	75,000.00	—

相关事项说明：

清产核资工作小组负责人（签章）：

填表人：

99.《无形资产及长期待摊费用清查登记表》怎样填报？

【解答】 由于《北京市农村集体资产清产核资报表》是以《北京市村合作经济组织会计制度实施细则》（农经字〔2010〕13号）为基础编制。按照《北京市村合作经济组织会计制度实施细则》的规定，无形资产及长期待摊费用分别对应无形资产与长期待摊费用2个科目。为便于填报人员直接根据明细账簿填报，在本次农村集体资产清产核资报表设置中，也按前述2个会计科目分别设置。

（1）《无形资产清查登记表》的填报

本表反映无形资产清查前后的变动情况。无形资产不区分资产类型，全部列入经营性资产。“盘盈”指账面未登记无形资产的现值，即有物无账；“盘亏”指账面已登记无形资产（按账面值填写），即有账无物。“账面净值”＝“账面原值”－“累计摊销”；“核实数”＝“账面数（账面净值）”＋“清查核实盘盈”－“清查核实盘亏”。“盘盈”“盘亏”等情况，要在“备注”栏中填写盘盈（亏）原因。表内勾稽关系：（13）＝（11）－（12）；（16）＝（13）＋（14）－（15）。

【案例】 2017年12月31日某村集体经济组织无形资产账面上有如下资产：

（1）2016年购入水资源开采权，账面价值为20 000元，因资料不全，财务一直未摊销。

（2）1998年购入商标权，账面价值为6 000元，因使用寿命不确定，一直未摊销。

（3）2011年购入管理软件，预计使用年限12年，账面原值为6 000元，已计提摊销3 000元，账面净值3 000元。

2017年末到清查时点无形资产没有发生增减变动。

2018年8月15日，某集体经济组织在对无形资产进行清产核资的过程中，发现如下情况：

（1）2017年发明专利价值6 000元未入账，使用寿命不确定，经集体经济组织成员（代表）大会决定，并报乡经管站审核批准，计入资本公积。

借：无形资产—发明专利　　6 000

　　贷：资本公积　　6 000

（2）水资源开采权账面价值20 000，其矿泉水因矿物质成分原因，市场上出现滞销，现市场价值3 000元，经集体经济组织成员（代表）大会决定，并报乡经管站审核批准，确认为损失：

借：未分配利润　　17 000

　　贷：无形资产—水资源开采权　　17 000

（3）商标权价值6 000元，并未形成品牌，没有市场价值，经经集体经济组织成员（代表）大会决定，并报乡经管站审核批准，计入未分配利润核销：

借：未分配利润　　6 000

　　贷：无形资产—商标权　　6 000

则无形资产清查核实情况如下：

账面数 = 20 000 + 6 000 + 3 000 = 29 000（元）

清查时点数 = 29 000元

清查核实盘盈数 = 6 000元

清查核实盘亏数 = 17 000 + 6 000 = 23 000（元）

核实数 = 29 000 + 6 000 − 23 000 = 12 000（元）

见表格“京农清明细10 − 1”。

无形资产清查登记表

京农清明细 10 – 1

xxxx 乡 xxxx 村集体经济组织　　2017 年 12 月 31 日　　单位：元、个、台、㎡

编号	资产名称	取得时间	取得方式	预计使用年限	使用情况						账面数			清查核实		核实数	备注
					出租或出借			自用	闲置	其他	账面原值	累计摊销	账面净值	盘盈 +	盘亏 –		
					对象	期限	租金										
	(1)	(2)	(3)	(4)	(5)	(6)	(7)	(8)	(9)	(10)	(11)	(12)	(13)	(14)	(15)	(16)	(17)
1	水资源开采权	2016年	购入					√			20,000.00		20,000.00		17,000.00	3,000.00	
2	商标权	1998年	购入					√			6,000.00		6,000.00		6,000.00	—	
3	仓库管理软件	2011年	购入	12				√			6,000.00	3,000.00	3,000.00			3,000.00	
4	发明专利	2017年						√						6,000.00		6,000.00	
5																	
6																	
7																	
8																	
9																	
小计											32,000.00	3,000.00	29,000.00	6,000.00	23,000.00	12,000.00	

相关事项说明：　　清产核资工作小组负责人（签章）：

填表人：

（2）《长期待摊费用清查登记表》的填报

本表反映长期待摊费用清查前后的变动情况。长期待摊费用不区分资产类型，全部列入经营性资产。“盘盈”指账面未登记但仍具有经济价值的长期待摊费用现值，即有物无账；“盘亏”指账面已登记但并未实际发生或已不再具有经济价值的长期待摊费用（按账面值填写），即有账无物。“账面净值”=“账面原值”-“累计摊销”；“核实数”=“账面数（账面净值）”+“清查核实盘盈”-“清查核实盘亏”。“盘盈”、“盘亏”等情况，要在“备注”栏中填写盘盈（亏）原因。表内勾稽关系：（13）=（11）-（12）；（16）=（13）+（14）-（15）。

见表格“京农清明细10-2”。

长期待摊费用清查登记表

京农清明细 10 – 2

xxxx 乡 xxxx 村集体经济组织　　2017 年 12 月 31 日　　单位：元、个、台、㎡

编号	资产名称	取得时间	取得方式	预计使用年限	使用情况						账面数			清查核实		核实数	备注
					出租或出借			自用	闲置	其他	账面原值	累计摊销	账面净值	盘盈 +	盘亏 –		
					对象	期限	租金										
	(1)	(2)	(3)	(4)	(5)	(6)	(7)	(8)	(9)	(10)	(11)	(12)	(13)	(14)	(15)	(16)	(17)
1																	
2																	
3																	
4																	
5																	
6																	
7																	
8																	
9																	
小计																	

相关事项说明：

清产核资工作小组负责人（签章）：

填表人：

100.《短期借款清查登记表》怎样填报?

【解答】 本表反映短期借款清查前后的变动情况。本表应根据“短期借款”明细科目分析填列。“核实数” = “账面数” + “清查核实增加” - “清查核实减少”。“增加”“减少”等情况，要在“备注”栏中填写增加（减少）原因。表内勾稽关系：(10) = (7) + (8) - (9)。

【案例】 2017 年 12 月 31 日，某村集体经济组织短期借款余额为 20 000 元，系 2017 年 10 月 5 日为支付村级公路工程款临时从“信用社”借入一年期借款。2018 年 8 月 15 日清产核资入场清查时发现短期借款核实额为 50 000 元。2018 年 1 月 1 日至 2018 年 8 月 15 日期间未发生与短期借款相关的经济业务。

该村集体经济组织查实原因，差额系 2017 年 9 月 1 日从村民孙某处借入现金 30 000 元，用于购买水利配套设施，借款期限一年，款项未偿付但至今未报账。经集体经济组织成员（代表）大会讨论决定，报经乡经管站审核批准，予以入账：

借：资本公积 ——水利设施借款　　30 000

　　贷：短期借款——张某　　30 000

则短期借款清查情况如下：

账面数 = 20 000 元

清查时点数 = 50 000 元

清查核实增加数 = 30 000 元

核实数 = 20 000 + 30 000 = 50 000（元）

见表格“京农清明细 11 - 1”。

短期借款清查登记表

京农清明细 11 -1

xxxx 乡 xxxx 村集体经济组织　　2017 年12 月31 日　　单位：元

编号	债权人	债务成因	债务用途	产生时间	到期时间	审批人	账面数	清查核实		核实数	备注
								增加 +	减少 -		
	(1)	(2)	(3)	(4)	(5)	(6)	(7)	(8)	(9)	(10)	(11)
1	信用社	临时借款	办公楼工程款	2017. 10. 5	2018. 10. 4	XX	20, 000. 00			20, 000. 00	
2	孙某	借款	办公楼装修款	2017. 9. 1	2018. 8. 30	XX	—	30, 000. 00		30, 000. 00	借款未入账
3											
4											
5											
6											
7											
8											
9											
合计							20, 000. 00	30, 000. 00	-	50, 000. 00	

相关事项说明：

填表人：

清产核资工作小组负责人（签章）：

101.《应付及预收款项清查登记表》怎样填报？

【解答】 由于《北京市农村集体资产清产核资报表》是以《北京市村合作经济组织会计制度实施细则》（农经字〔2010〕13号）为基础编制。按照《北京市村合作经济组织会计制度实施细则》的规定，应付及预收款项分为应付账款、预收账款、应付利息、应付股利、应交税费、其他应付款、递延收益等7个科目。为便于填报人员直接根据明细账簿填报，在本次农村集体资产清产核资报表设置中，也按前述7个会计科目分别设置。

（1）《应付账款清查登记表》的填报

本表反映应付账款清查前后的变动情况。本表应根据“应付账款”“预付账款”明细科目贷方余额分析填列。“核实数”=“账面数”+“清查核实增加”-“清查核实减少”。“增加”“减少”等情况，要在“备注”栏中填写增加（减少）原因。表内勾稽关系：（10）=（7）+（8）-（9）。

【案例】 某村集体经济组织2017年12月31日应付账款账面余额5 450元，包括：

1. “应付款账款-旭日超市”贷方余额3 700元，系2017年11月15日村委会维修水利设施时赊购的管件等货款；

2. “应付款账款-李芳”贷方余额750元，系2017年6月20日工程残土运输费用；

3. “应付款账款-张鑫”贷方余额1 000元，系2017年8月1日购买小型发电机零件的费用。

2018年8月15日，在清产核资入场清查中发现：

（1）2017年12月29日债权人“李芳”又修理运输工程残土，运输费750元未入账。

（2）2016年底张鑫出国移民，欠款1 000元无需继续支付，经集体经济组织成员（代表）大会决定，并报经乡经管站审核批准，予以核销。

2018 年 1 月 1 日至 2018 年 8 月 15 日未增加或减少应付款。

借：应付款款——张鑫　　　　　　　　1 000

　　贷：应付款款——李芳　　　　　　　　750

　　　　未分配利润　　　　　　　　　　　250

则应付账款清查核实情况如下：

账面数 =5 450 元

清查核实减少数 =1 000 元

清查核实增加数 =750 元

核实数 =5 450 +750 -1 000 =5 200（元）

见表格“京农清明细 11 -2”。

应付账款清查登记表

京农清明细 11－2

xxxx 乡 xxxx 村集体经济组织　　2017 年 12 月 31 日　　单位：元

编号	债权人	债务成因	债务用途	产生时间	到期时间	审批人	账面数	清查核实		核实数	备注
								增加＋	减少－		
	(1)	(2)	(3)	(4)	(5)	(6)	(7)	(8)	(9)	(10)	(11)
1	李芳	劳务费	工程残土运输费	2017 年 6 月 20 日			750.00	750.00		1,500.00	
2	张鑫	货款	小型发电机零件	2017 年 8 月 1 日			1,000.00		1,000.00	—	出国移民
3	万家福商店	货款	水利设施管件	2017 年 11 月 15 日			3,700.00			3,700.00	
4											
5											
6											
合计								5,450.00	750.00	1,000.00	5,200.00

相关事项说明：

填表人：

清产核资工作小组负责人（签章）：

（2）《预收账款清查登记表》的填报

本表反映预收款项清查前后的变动情况。本表应根据“应收账款”“预收账款”明细科目贷方余额分析填列。“核实数”＝“账面数”＋“清查核实增加”－“清查核实减少”。“增加”“减少”等情况，要在“备注”栏中填写增加（减少）原因。表内勾稽关系：(10)＝(7)＋(8)－(9)。

见表格“京农清明细 11－3”。

预收账款清查登记表

京农清明细11－3

xxxx 乡 xxxx 村集体经济组织　　2017 年 12 月 31 日　　单位：元

编号	债权人	债务成因	债务用途	产生时间	到期时间	审批人	账面数	清查核实		核实数	备注
								增加＋	减少－		
	(1)	(2)	(3)	(4)	(5)	(6)	(7)	(8)	(9)	(10)	(11)
1											
2											
3											
4											
5											
6											
7											
8											
9											
合计											

相关事项说明：

填表人：

清产核资工作小组负责人（签章）：

（3）《应付利息清查登记表》的填报

本表反映应付利息清查前后的变动情况。本表应根据“应付利息”明细科目贷方余额分析填列。“核实数”＝“账面数”＋“清查核实增加”－“清查核实减少”。“增加”“减少”等情况，要在“备注”栏中填写增加（减少）原因。表内勾稽关系：（10）=（7）+（8）-（9）。

见表格“京农清明细 11－4”。

应付利息清查登记表

京农清明细 11－4

xxxx 乡 xxxx 村集体经济组织　　2017 年 12 月 31 日　　单位：元

编号	债权人	债务成因	债务用途	产生时间	到期时间	审批人	账面数	清查核实		核实数	备注
								增加＋	减少－		
	(1)	(2)	(3)	(4)	(5)	(6)	(7)	(8)	(9)	(10)	(11)
1											
2											
3											
4											
5											
6											
7											
8											
9											
合计											

相关事项说明：　　清产核资工作小组负责人（签章）：

填表人：

（4）《应付股利清查登记表》的填报

本表反映应付未付股利清查前后的变动情况。本表应根据“应付股利”明细科目贷方余额分析填列。“核实数”＝“账面数”＋“清查核实增加”－“清查核实减少”。“增加”“减少”等情况，要在“备注”栏中填写增加（减少）原因。表内勾稽关系：（10）＝（7）＋（8）－（9）。

见表格“京农清明细 11－5”。

应付股利清查登记表

京农清明细 11 －5

xxxx 乡 xxxx 村集体经济组织　　2017 年 12 月 31 日　　单位：元

编号	债权人	债务成因	债务用途	产生时间	到期时间	审批人	账面数	清查核实		核实数	备注
								增加 +	减少 -		
	(1)	(2)	(3)	(4)	(5)	(6)	(7)	(8)	(9)	(10)	(11)
1											
2											
3											
4											
5											
6											
7											
8											
9											
合计											

相关事项说明：

填表人：

清产核资工作小组负责人（签章）：

（5）《应交税费清查登记表》的填报

本表反映集体经济组织（单位、企业）应交税费的清查情况。本表应根据“应交税费”“其他应交款”明细科目分析填列。“核实数”=“账面数”+“清查核实增加”-“清查核实减少”。“增加”“减少”等情况，要在“备注”栏中填写增加（减少）原因。表内勾稽关系：(10)=(7)+(8)-(9)。

见表格“京农清明细 11-6”。

应交税费清查登记表

京农清明细 11－6

xxxx 乡 xxxx 村集体经济组织　　2017 年 12 月 31 日　　单位：元

编号	债权人	债务成因	债务用途	产生时间	到期时间	审批人	账面数	清查核实		核实数	备注
								增加＋	减少－		
	(1)	(2)	(3)	(4)	(5)	(6)	(7)	(8)	(9)	(10)	(11)
1											
2											
3											
4											
5											
6											
7											
8											
9											
合计											

相关事项说明：

填表人：

清产核资工作小组负责人（签章）：

（6）《其他应付款清查登记表》的填报

本表反映集体经济组织（单位、企业）其他应付款的清查情况。本表应根据“其他应收款”“其他应付款”明细科目贷方余额分析填列。“核实数” = “账面数” + “清查核实增加” - “清查核实减少”。“增加”“减少”等情况，要在“备注”栏中填写增加（减少）原因。表内勾稽关系：(10) = (7) + (8) - (9)。

【案例】2017 年 12 月 31 日某村集体经济组织其他应付款余额 9 000 元，包括：

（1）“公服公司”贷方余额 6 000 元，系 2016 年 6 月 3 日发生应付未付往来款；

（2）“刘某”贷方余额 3 000 元，系 2017 年 6 月 9 日发生未支付劳务费。

2018 年 8 月 15 日，在清产核资入场清查中发现：无需继续支付，经村集体经济组织成员（代表）大会讨论通过，并报乡经管站审核同意，计入未分配利润。

截至 2017 年底公服公司已经被吊销，6 000 元。

借：其他应付款——公服公司　　　　6 000

　　贷：未分配利润　　　　　　　　　　6 000

则其他应付款清查核实情况如下：

账面数 =9 000 元

清查时点数 =9 000 元

清查核实减少数 =6 000 元

核实数 =9 000 - 6 000 =3 000（元）

见表格“京农清明细 11 -7”。

其他应付款清查登记表

京农清明细 11 – 7

xxxx 乡 xxxx 村集体经济组织　　2017 年 12 月 31 日　　单位：元

编号	债权人	债务成因	债务用途	产生时间	到期时间	审批人	账面数	清查核实		核实数	备注
								增加 +	减少 –		
	(1)	(2)	(3)	(4)	(5)	(6)	(7)	(8)	(9)	(10)	(11)
1	公服公司	往来款	往来款	2016 年 6 月 3 日			6,000.00		6,000.00	–	债权人被吊销
2	刘某	劳务费	劳务费	2017 年 6 月 9 日			3,000.00			3,000.00	
3											
4											
5											
6											
7											
8											
9											
合计								9,000.00	–	6,000.00	3,000.00

相关事项说明：

填表人：

清产核资工作小组负责人（签章）：

(8)《递延收益清查登记表》的填报

本表反映集体经济组织（单位、企业）递延收益的清查情况。本表应根据“递延收益”明细科目分析填列。“核实数” = “账面数” + “清查核实增加” - “清查核实减少”。“增加”“减少”等情况，要在“备注”栏中填写增加（减少）原因。表内勾稽关系：(10) = (7) + (8) - (9)。

见表格“京农清明细 11 - 8”。

递延收益清查登记表

京农清明细 11 – 8

xxxx 乡 xxxx 村集体经济组织　　　2017 年 12 月 31 日　　　单位：元

编号	债权人	债务成因	债务用途	产生时间	到期时间	审批人	账面数	清查核实		核实数	备注
								增加 +	减少 –		
	(1)	(2)	(3)	(4)	(5)	(6)	(7)	(8)	(9)	(10)	(11)
1											
2											
3											
4											
5											
6											
7											
8											
9											
合计											

相关事项说明：

清产核资工作小组负责人（签章）：

填表人：

102.《长期借款及应付款清查登记表》怎样填报?

【解答】由于《北京市农村集体资产清产核资报表》是以《北京市村合作经济组织会计制度实施细则》(农经字〔2010〕13号)为基础编制。按照《北京市村合作经济组织会计制度实施细则》的规定，长期借款及应付款应分为长期借款、长期应付款等2个科目。为便于填报人员直接根据明细账簿填报，在本次农村集体资产清产核资报表设置中，也按前述2个会计科目分别设置。

(1)《长期借款清查登记表》的登记

本表反映集体经济组织(单位、企业)长期借款的清查情况。本表应根据“长期借款”明细科目分析填列。“核实数” =“账面数” +“清查核实增加” -“清查核实减少”。“增加”“减少”等情况，要在“备注”栏中填写增加(减少)原因。表内勾稽关系:(10)=(7)+(8)-(9)。

【案例】2017年12月31日，某村集体经济组织长期借款贷方余额80 000元，其中:“建设银行”贷方余额30 000元、“工商银行”贷方余额50 000元，分别系2017年3月和4月借入的国家农村水利设施建设无息贷款、期限均为5年。

2018年8月15日清产核资入场清查时发现长期借款及应付款贷方余额为150 000元，系2018年1月1日至2018年8月15日，从农村信用合作社新借入一笔70 000元的5年期贷款，年利率为5%。

则长期借款清查核实情况如下:

账面数=80 000元

清查时点数=150 000元

核实数=150 000-70 000=80 000元

清查核实减少数=80 000-80 000=0

见表格“京农清明细11-9”。

长期借款清查登记表

京农清明细 11 – 9

xxxx 乡 xxxx 村集体经济组织　　2017 年 12 月 31 日　　单位：元

编号	债权人	债务成因	债务用途	产生时间	到期时间	审批人	账面数	清查核实		核实数	备注
								增加 +	减少 –		
	(1)	(2)	(3)	(4)	(5)	(6)	(7)	(8)	(9)	(10)	(11)
1	建设银行	借款	水利设施	2017 年 4 月 1 日	2022 年 3 月 31 日	XX	30,000.00			30,000.00	
2	工商银行	借款	水利设施	2017 年 5 月 1 日	2022 年 4 月 30 日	XX	50,000.00			50,000.00	
3											
4											
5											
6											
合计							80,000.00	—	—	80,000.00	

相关事项说明：

填表人：

清产核资工作小组负责人（签章）：

(2)《长期应付款清查登记表》的填报

本表反映集体经济组织（单位、企业）长期应付款的清查情况。本表应根据“长期应付款”明细科目分析填列。“核实数” = “账面数” + “清查核实增加” - “清查核实减少”。“增加”“减少”等情况，要在“备注”栏中填写增加（减少）原因。表内勾稽关系：(10) = (7) + (8) - (9)。

见表格“京农清明细 11 - 10”。

长期应付款清查登记表

京农清明细 11－10

xxxx 乡 xxxx 村集体经济组织　　2017 年 12 月 31 日　　单位：元

编号	债权人	债务成因	债务用途	产生时间	到期时间	审批人	账面数	清查核实		核实数	备注
								增加＋	减少－		
	(1)	(2)	(3)	(4)	(5)	(6)	(7)	(8)	(9)	(10)	(11)
1											
2											
3											
4											
5											
6											
7											
8											
9											
合计											

相关事项说明：　　清产核资工作小组负责人（签章）：

填表人：

103.《应付工资清查登记表》怎样填报?

【解答】本表反映的应付工资的清查情况。本表应根据“应付薪酬”科目中除“福利”“非货币性福利”以外的内容填列. 应区分本年度和以前年度拖欠的工资，“账面数（合计)” = “账面数(本年)” + “账面数（以前年度)”; “核实数” = “账面数（合计)” + “清查核实增加” - “清查核实减少”。“增加”“减少”等情况，要在“备注”栏中填写增加（减少）原因。表内勾稽关系：(3) = (4) + (5);(8) = (3) + (6) - (7)。

【案例】某村集体经济组织2017年12月31日应付职工薪酬明细账“张贵”（村电工）贷方余额22 000元，系拖欠其2017年度工资20 000元、2016年工资2 000元。2018年8月15日清产核资入场清查发现应付工资账面余额25 000元，其中2018年1月1日至8月15日，计提了应付工资（张某 - 村长）3 000元。

账面数 = 22 000元

清查时点数 = 25 000元

核实数 = 25 000 - 3 000 = 22 000（元）

清查核实减少数 = 22 000 - 22 000 = 0

见表格“京农清明细12”。

应付工资清查登记表

京农清明细12

xxxx 乡 xxxx 村集体经济组织　　2017 年 12 月 31 日　　单位：元

编号	姓名	拖欠（未付）原因	账面数			清查核实		核实数	备注
			合计	本年度	以前年度	增加+	减少-		
	(1)	(2)	(3)	(4)	(5)	(6)	(7)	(8)	(9)
1	张贵	工资拖欠	22,000.00	20,000.00	2,000.00			22,000.00	
2									
3									
4									
5									
6									
合计			22,000.00	20,000.00	2,000.00	—	—	22,000.00	

相关事项说明：

清产核资工作小组负责人（签章）：

填表人：

104.《应付福利费清查登记表》怎样填报?

【解答】本表反映应付福利费的清查情况。应根据“应付薪酬”科目中“福利”及“非货币性福利”,并按照使用项目分别填列。受益对象是指该笔应付福利费的实际受益人;支付时间是指应付福利费预期应该支付的时间。“账面数”与“核实数”不同的,要在“备注”栏中填写差异原因。

【案例】某村集体经济组织2017年12月31日应付职工薪酬明细科目中,福利费贷方余额为12 000元,其中“村集体福利费”明细账贷方余额为8 000元,2017年收益分配时提取应付福利费4 000元。2018年8月15日清产核资入场清查发现应付福利费贷方余额9 000元,其中2018年5月3日发放朱某等丧葬补助6 000元,3月1日计提福利费3 000元。

则应付福利费清查核实情况如下:

账面数 =12 000元

清查时点数 =9 000元

核实数 =9 000 -3 000 +6 000 =12 000(元)

清查核实减少数 =12 000 -12 000 =0

见表格“京农清明细13”。

应付福利费清查登记表

京农清明细 13

xxxx 乡 xxxx 村集体经济组织　　2017 年 12 月 31 日　　单位：元

编号	使用项目	受益对象	支付时间	账面数		清查核实		核实数		备注
				借方	贷方	增加 +	减少 -	借方	贷方	
	(1)	(2)	(3)	(4)	(5)	(6)	(7)	(8)	(9)	(10)
1	村集体福利	全体村民	2018 年 5 月 3 日		8,000.00				8,000.00	
2	计提福利费	不确定			4,000.00				4,000.00	
3										
4										
5										
6										
合计					12,000.00	—	—	—	12,000.00	

相关事项说明：

清产核资工作小组负责人（签章）：

填表人：

105.《“一事一议”资金清查登记表》怎样填报?

【解答】本表反映涉及“一事一议”资金的清查情况。由集体经济组织填报，全资企业不填报。应根据涉及该项资金的负债类相关科目单独填列，同时扣减相应科目的填报数据。“核实数”与“账面数”存在差异的，要在“备注”栏中填写差异原因。表内勾稽关系：(12)=(9)+(10)-(11)。

【案例】某村集体经济组织2017年12月31日“一事一议”资金明细账“活动中心”账面贷方余额600元。账面记录系2017年7月民主讨论决定修建活动中心，预算投资200 000元，其中：财政奖补120 000元、企业捐赠30 000元、村民筹资33 000元、集体出资额为17 000元，项目完成决算金额为199 400元，结余600元。2018年8月15日清产核资进场清查，清查时点数为600元。

账面数=600元

清查时点数=600元

核实数=600元

清查核实减少数=600-600=0

见表格“京农清明细14”。

“一事一议”资金清查登记表

京农清明细 14

xxxx 乡 xxxx 村集体经济组织　　2017 年 12 月 31 日　　单位：元

编号	项目名称	项目预算（金额）	资金来源（金额）					已使用资金	账面数	清查核实		核实数	备注
			财政奖补	社会捐赠	村民自筹	集体出资	其他			增加 +	减少 -		
	(1)	(2)	(3)	(4)	(5)	(6)	(7)	(8)	(9)	(10)	(11)	(12)	(13)
1	活动中心	200,000.00	120,000.00	30,000.00	33,000.00	17,000.00		199,400.00	600.00			600.00	
2													
3													
4													
5													
6													
合计		200,000.00	120,000.00	30,000.00	33,000.00	17,000.00	—	199,400.00	600.00	—	—	600.00	

相关事项说明：

清产核资工作小组负责人（签章）：

填表人：

106.《专项应付款清查登记表》怎样填报？

【解答】本表反映专项应付款的清查情况。“拨入数（总金额）”－“已使用数”＝“账面数”。“核实数”与“账面数”存在差异的，要在“备注”栏中填写差异原因。表内勾稽关系：（8）＝（5）－（7）；（12）＝（8）＋（10）－（11）。

【案例】某集体经济组织2017年12月31日专项应付款明细账“土地补偿费”账面贷方余额170 000元，系2017年10月份，政府征收该村集体征地19公顷，补偿费用4 000 000元，其中土地补偿费3 000 000元、安置补助费1 000 000元。2017年12月按规定已将土地补偿费100%向农户分配，其中安置补助费已支付给安置对象700 000元，2017年12月集体用留存130 000元购买一间门面房。2018年8月15日清产核资进场清查，发现清查时点数是170 000元。

账面数＝170 000元

清查时点数＝170 000元

核实数＝170 000元

清查核实减少数＝170 000－170 000＝0

见表格“京农清明细15”。

专项应付款清查登记表

京农清明细15

xxxx乡 xxxx村集体经济组织　　2017 年 12 月 31 日　　单位：元

编号	拨款单位	拨款用途	拨入时间	具体使用情况	拨入数		已使用金额	账面数		清查核实		核实数		备注
					总金额	其中：征地补偿费		总金额	其中：征地补偿费	总金额增加+	总金额减少-	总金额	其中：征地补偿费	
	(1)	(2)	(3)	(4)	(5)	(6)	(7)	(8)	(9)	(10)	(11)	(12)	(13)	(14)
1	县政府	征地补偿	2017年10月	分配及购买门面房	4,000,000.00	3,000,000.00	3,830,000.00	170,000.00				170,000.00		
2														
3														
4														
5														
6														
合计					4,000,000.00	3,000,000.00	3,830,000.00	170,000.00	—	—	—	170,000.00	—	

相关事项说明：

清产核资工作小组负责人（签章）：

填表人：

107.《所有者权益清查登记表》怎样填报?

【解答】 本表反映集体经济组织（单位、企业）所有者权益的清查情况。“核实数” = “账面数” + “清查核实增加” - “清查核实减少”。“增加”“减少”等情况，要在“备注”栏中填写增加（减少）的原因。表内勾稽关系：1 =2 +3 +4;5 =6 +7 +8 +9 +10 +11 +12;14 =1 +5 +13;(4) =(1) +(2) -(3)。

【案例】 某村集体经济组织 2017 年 12 月 31 日“实收资本 - 入社股金”明细账贷方余额 60 000 元，包括：社员入股 30 000 元、联社入股 20 000 元、其他入股 10 000 元；“资本 - 转增资本”明细账贷方余额 15 000 元，系以前年度公积金转入；“资本 - 其他”明细账贷方余额为 6 000 元。

2018 年 8 月 15 日，在清产核资现场清查时发现：

（1）“实收资本 - 入社股金（社员入股）”账户中，陈某、吴某贷方余额均为 72 元，系当年入社股金，此二人均已过世，陈某的继承人为其子，吴某没有继承人。按规定办理相关手续。

借：实收资本—入社股金—陈某　　72
　　　　　　　　　　　—吴某　　72
　贷：实收资本—入社股金—陈某儿子　　72
　　　　　　　　　　　　—集体　　72

（2）“实收资本 - 入社股金（供销社）”账面贷方余额 20 000 元。经与联社进行核对，联社账面显示入社股金为 17 500 元。双方追溯查找发现，2012 年以前双方账目对应无误，2012 年 2 月联社收回投资 2 500 元，联社正常入账，而农村集体经济组织未将联社收回投资的 2 500 元入账，则应当按规定办理相关手续。

借：实收资本—入社股金　　2 500
　贷：未分配利润　　2 500

（3）“实收资本 - 入社股金（其他入股）”账面贷方余额10 000

元、明细账“实收资本－其他”账面贷方余额4 000元。经多方查证，无法确定具体投资人，则应当按规定办理相关手续。

借：实收资本—入社股金（其他入股）　　　　10 000

　　实收资本—其他　　　　　　　　　　　　4 000

　　贷：实收资本—入社股金（集体投入）　　　　14 000

账面数＝60 000＋15 000＋6 000＝81 000（元）

清查核实增加数＝14 000元

清查核实减少数＝1 4000＋2 500＝16 500（元）

核实数＝81 000－2 500＝78 500（元）

【案例】 2018年8月15日，在清产核资现场清查时发现，盈余公积明细账贷方余额为210 000元，其中村集体经济组织累计计提盈余公积金余额210 000元。

资本公积明细账余额如下：以前年度股本溢价转入40 000元、征地安置费转入70 000元、一事一议资金转入24 000元、其他6 400元。清查中未发现其他问题。则所有者权益清查核实情况如下：

（1）盈余公积清查核实情况如下：

账面数＝210 000元

核实数＝210 000元

清查核实减少数＝0

（2）资本公积清查核实情况如下：

账面数＝40 000＋70 000＋24 000＋6 400＝140 400（元）

清产核资清查核实增加数＝1 000＋1 200＋16 000＋6 000

＝24 200（元）①

清产核资清查核实减少数＝260 000＋30 000＝290 000（元）

核实数＝140 400＋24 200－290 000＝－125 400（元）

【案例】 接上例，2018年8月，该农村集体经济组织在清产核

① 该数据来源于填报案例中与此相关的数据，清产核资减少数亦同。

资时对未分配收益进行清查。明细账“未分配收益”账面贷方余额220 084元，系2017年度未分配收益。清查中未发现其他问题。则未分配利润清查核实情况如下：

账面数 = 220 084元

清产核资清查核实增加数 = 180 + 540 + 800 + 1 000 + 6 000 + 2 500 = 11 020（元）[①]

清产核资清查核实减少数 = 40 000 + 20 000 + 30 000 + 5 000 + 1 000 + 100 + 750 + 600 + 5 000 + 500 + 600 + 5 000 + 4 444 + 17 000 + 6 000 + 750 = 136 744（元）

核实数 = 220 084 + 11 020 − 136 744 = 94 360（元）

见表格“京农清明细16”。

① 该数据来源于填报案例中与此相关的数据，清产核资清查核实减少数亦同。

所有者权益清查登记表

京农清明细16

xxxx 乡 xxxx 村集体经济组织　　　　2017 年 12 月 31 日　　　　单位：元

项目	行次	账面数	清查核实		核实数	备注
			增加 +	减少 -		
		(1)	(2)	(3)	(4)	(5)
(一) 实收资本	1	81,000.00	14,000.00	16,500.00	78,500.00	
1. 入社资金	2	60,000.00	14,000.00	12,500.00	61,500.00	
2. 转增资本	3	15,000.00			15,000.00	
3. 其他	4	6,000.00		4,000.00	2,000.00	
(二) 资本公积	5	140,400.00	24,200.00	290,000.00	-125,400.00	
1. 资本溢价	6	40,000.00			40,000.00	
2. 接受捐赠	7	—	—	—	—	
3. 征地补偿费转入	8	70,000.00			70,000.00	—
4. 一事一议资金转入	9	24,000.00			24,000.00	
5. 政府拨款等形成资产转入	10				—	
6. 其他	11	6,400.00	24,200.00	290,000.00	-259,400.00	
(三) 盈余公积	12	210,000.00			210,000.00	
(四) 未分配利润	13	220,084.00	11,020.00	136,744.00	94,360.00	
小计	14	651,484.00	49,220.00	443,244.00	257,460.00	

相关事项说明：

填表人：

清产核资工作小组负责人（签章）：

108.《待界定资产清查登记表》怎样填报？

【解答】本表反映由于特殊原因产权难以界定的集体资产，作为待界定资产登记。待界定资产不纳入本次清产核资集体资产的总额。

见表格“京农清明细 17”。

待界定资产清查登记表

京农清明细 17

xxxx 乡 xxxx 村集体经济组织　　2017 年 12 月 31 日　　单位：元

编号	名称	数量	购建日期	坐落或置放位置	规格型号	使用情况	核实金额	备注
	(1)	(2)	(3)	(4)	(5)	(6)	(7)	(8)
1								
2								
3								
4								
5								
6								
7								
8								
9								
小计								

相关事项说明：

清产核资工作小组负责人（签章）：

填表人：

109.《资源性资产清查登记明细表－1（农用地）》怎样填报?

【解答】本表反映集体拥有的农用地资源的清查情况。本表应区分“资源类型”分别填写。“资源类型”指耕地、园地、林地、草地、农田水利设施用地（沟渠）、养殖水面（坑塘水面）、其他农用地。“其他农用地”指集体拥有的上述耕地、园地、林地、草地、农田水利设施用地（沟渠）、养殖水面（坑塘）以外的农用地。“年收益”是指年度净收益；“已承包到户”包括采用确权确地，确权确股，确权确利方式确权的土地。表内勾稽关系：(1)＝(2)＋(11)；(2)＝(3)＋(5)＋(9)。

见表格“京农清明细18－1”。

资源性资产清查登记明细表 -1

京农清明细 18 - 1

xxxx 乡 xxxx 村集体经济组织　　2017 年 12 月 31 日　　单位：元

编号	资源类型	总面积	未承包到户									已承包到户			备注
			面积	集体自主经营		出租经营				其他经营方式		面积	其中：流转人集体统一经营		
				面积	年收益	面积	承租人	起止时间	年租金	面积	年收益		面积	年收益	
		(1)	(2)	(3)	(4)	(5)	(6)	(7)	(8)	(9)	(10)	(11)	(12)	(13)	(14)
	一、农用地 小计						—	—							—
	1. 耕地														
	2. 园地														
	3. 林地														
	4. 草地														
	5. 农田水利设施用地（沟渠）														
	6. 养殖水面（坑塘水面）														
	7. 其他农用地														

相关事项说明：

清产核资工作小组负责人（签章）：

填表人：

110.《资源性资产清查登记明细表－2（建设用地）》怎样填报?

【解答】本表反映集体拥有的建设用地的清查情况。本表应区分资源类型分别填写。“资源类型”指工矿仓储用地、商服用地、宅基地、公共管理与公共服务用地、交通运输和水利设施用地、其他经营性建设用地。“其他经营性建设用地”指集体拥有的上述工矿仓储用地、商服用地等以外的经营性建设用地。“年收益”是指年度净收益。表内勾稽关系：（1）≥（2）;（2）=（3）+（5）+（9）+（13）。

见表格“京农清明细 18－2”。

资源性资产清查登记明细表－2

京农清明细18－2

xxxx 乡 xxxx 村集体经济组织　　2017 年 12 月 31 日　　单位：元

编号	资源类型	总面积	已开发利用													备注
			面积	集体自主经营		出租经营				对外投资				其他经营方式		
				面积	年收益	面积	承租人	起止时间	年租金	面积	投资对象	起止时间	年收益	面积	年收益	
		(1)	(2)	(3)	(4)	(5)	(6)	(7)	(8)	(9)	(10)	(11)	(12)	(13)	(14)	(15)
	二、建设用地合计						—	—			—	—				—
	1. 工矿仓储用地															
	2. 商服用地															
	3. 宅基地															
	4. 公共管理与公共服务用地															
	5. 交通运输和水利设施用地															
	6. 其他建设用地															

相关事项说明：

填表人：

清产核资工作小组负责人（签章）：

111.《资源性资产清查登记明细表－3（未利用地、附报）》怎样填报？

【解答】本表反映集体拥有的未利用地的清查情况，并附报“四荒地”“待界定土地”“林木”的清查情况。“四荒”地，填报农村集体经济组织所有荒山、荒沟、荒丘、荒滩清查核实情况；待界定土地是指由于特殊原因权属难以界定的土地，填报农村集体土地与国有土地所有权有争议、协商不成的农用地、建设用地、未利用地清查核实情况；林木填报农村集体所有的公益林、商品林清查核实情况。“年收益”是指年度净收益。表内勾稽关系：（1）≥（2）；（2）=（3）+（5）+（9）。

见表格“京农清明细 18－3”。

资源性资产清查登记明细表 -3

（未利用地、附报）

京农清明细 18 -3

xxxx 乡 xxxx 村集体经济组织　　2017 年 12 月 31 日　　单位：亩

编号	资源类型	总面积（体积）	已开发利用									备注
			面积（体积）	集体自主经营		出租经营				其他经营方式		
				面积（体积）	年收益（元）	面积（体积）	承租人	起止时间	年租金（元）	面积（体积）	年收益（元）	
		（1）	（2）	（3）	（4）	（5）	（6）	（7）	（8）	（9）	（10）	（11）
	三、未利用地小计											
	附报：											
	（一）“四荒”地											
	（二）待界定土地											
	1. 待界定农用地											
	2. 待界定建设用地											
	3. 待界定未利用地											
	（三）林木											
	1. 公益林（立方米）											
	2. 商品林（立方米）											

相关事项说明：　　清产核资工作小组负责人（签章）：

填表人：

112.《资产负债表（组织、全资企业）》怎样填报？

【解答】本表反映集体经济组织、全资企业清查前后资产负债的总体情况。本表根据“京农清明细 01”至“京农清明细 17”中各个会计科目合计数分别填写，账面数反映清查前集体经济组织、全资企业的资产、负债及所有者权益情况，核实数反映清查核实后集体经济组织、全资企业的资产、负债及所有者权情况。“经营性资产”按照清查核实后长期投资、经营性固定资产、经营性固定资产清理、经营性在建工程、无形资产、长期待摊费用以及用于经营的流动资产和农业资产的合计数填写。“非经营性资产”按照清查核实后非经营性固定资产、非经营性固定资产清理、非经营性在建工程以及用于公共服务的流动资产和农业资产的合计数写。“待界定资产”按照“京农清明细 17”的合计数填写。表内勾稽关系：1 =2 +4 +5 +6 +7 +8 +9 +10，12 =13 +15，18 =19 +20，26 =24 -25，22 =26 +28 +30，33 =34 +35，36 =1 +12 +18 +22 +33，37 =38 +39 +40 +41 +42 +43 +44 +45 +46 +47，49 =50 +51 +52 +53，56 =57 +59 +62 +63，65 =37 +49 +56，36 =65。

见表格“京农清明细 19”。

资产负债表（组织、全资企业）

京农清明细 19

xxxx 乡 xxxx 村集体经济组织　　2017 年 12 月 31 日　　单位：元

资产	编号	账面数	核增金额	核减金额	核实数	负债及所有者权益	编号	账面数	核增金额	核减金额	核实数
一、流动资产合计	1	303,300.00	720.00	96,850.00	207,170.00	一、流动负债合计	37	68,450.00	30,750.00	7,000.00	92,200.00
1. 货币资金	2	32,000.00	—	-	32,000.00	1. 短期借款	38	20,000.00	30,000.00	—	50,000.00
其中：库存现金	3	2,000.00	—	-	2,000.00	2. 应付账款	39	5,450.00	750.00	1,000.00	5,200.00
2. 短期投资	4	180,000.00	—	60,000.00	120,000.00	3. 预收账款	40	—	—	—	—
3. 应收账款	5	85,400.00	—	36,000.00	49,400.00	4. 应付工资	41	22,000.00	—	—	22,000.00
4. 预付款项	6	—	—	—	—	5. 应付福利费	42	12,000.00	—	—	12,000.00
5. 应收股利	7	—	—	—	—	6. 应交税费	43	—	—	—	—
6. 应收利息	8	—	—	—	—	7. 应付利息	44	—	—	—	—
7. 其他应收款	9	—	—	—	—	8. 应付股利	45	—	—	—	—
8. 存货	10	5,900.00	720.00	850.00	5,770.00	9. 其他应付款	46	9,000.00	—	6,000.00	3,000.00
	11				—	10. 递延收益	47	—	—	—	—
二、农业资产合计	12	108,790.00	3,000.00	6,700.00	105,090.00		48				—
1. 牲畜（禽）资产	13	106,100.00	800.00	5,600.00	101,300.00	二、长期负债合计	49	250,600.00	—	—	250,600.00
其中：产役畜	14	106,100.00	800.00	5,600.00	101,300.00	1. 长期借款	50	80,000.00	—	—	80,000.00
2. 林木资产	15	2,690.00	2,200.00	1,100.00	3,790.00	2. 长期应付款	51	—	—	—	—
其中：经济林木	16	800.00		500.00	300.00	3. 一事一议资金	52	600.00	—	—	600.00
	17				—	4. 专项应付款	53	170,000.00	—	—	170,000.00
三、长期资产合计	18	60,000.00	—	—	60,000.00	其中：征地补偿费	54	—	—	—	—
1. 长期股权投资	19	60,000.00	—	—	60,000.00		55				—

续表

资产	编号	账面数	核增金额	核减金额	核实数	负债及所有者权益	编号	账面数	核增金额	核减金额	核实数
2. 长期债权投资	20	—	—	—	—	三、所有者权益总计	56	651,484.00	49,220.00	443,244.00	257,460.00
	21				—	1. 实收资本	57	81,000.00	14,000.00	16,500.00	78,500.00
四、固定资产合计	22	469,444.00	16,000.00	269,444.00	216,000.00	其中：政府拨款等形成资产转增资本	58				—
其中：经营性固定资产	23	29,444.00			29,444.00	2. 资本公积	59	140,400.00	24,200.00	290,000.00	-125,400.00
1. 固定资产原值	24	219,500.00	16,000.00	5,000.00	230,500.00	其中：征地补偿费转人	60	—	—	—	—
2. 累计折旧	25	89,500.00	—	—	89,500.00	政府拨款等形成资产转人	61	—	—	—	—
3. 固定资产净值	26	130,000.00	16,000.00	5,000.00	141,000.00	3、盈余公积	62	210,000.00	—	—	210,000.00
其中：经营性固定资产净值	27	25,000.00	16,000.00		41,000.00	4、未分配利润	63	220,084.00	11,020.00	136,744.00	94,360.00
4. 固定资产清理	28	—	—	—	—		64				—
其中：经营性固定资产清理	29	—	—	—	—	负债和所有者权益合计	65	970,534.00	79,970.00	450,244.00	600,260.00
5. 在建工程	30	339,444.00	—	264,444.00	75,000.00		66				
其中：经营性在建工程	31	4,444.00	—	4,444.00	—	附报：	67				
	32				—	1. 经营性资产	68	530,534.00	16,000.00	4,444.00	425,260.00
五、其他资产	33	29,000.00	6,000.00	23,000.00	12,000.00	2. 非经营性资产	69	440,000.00	—	265,000.00	175,000.00
1. 无形资产	34	29,000.00	6,000.00	23,000.00	12,000.00	3. 待界定资产	70	—	—	—	—
2. 长期待摊费用	35				—	4. 全资子公司所有者权益	71	—	—	—	—
资产总计	36	970,534.00	25,720.00	395,994.00	600,260.00		72				
备注： 填表人：						清产核资工作小组（签章）：					

113. 集体经济组织所属全资企业怎样填报《资产负债表》?

【解答】 根据《关于印发〈北京市农村集体资产清产核资报表(修订版)〉的通知》(京农经〔2018〕46号)的规定,集体经济组织所属全资企业直接填报《资产负债表(组织、全资企业)》(京农清明细19)。《农业农村部办公厅 自然资源部办公厅关于做好农村集体资产清产核资工作的的补充通知》(农办经〔2018〕10号)所附《农村集体资产清产核资报表》中《资产负债表(全资企业类)》(农清明细19-2)由表"京农清明细19"直接转换而来。

114.《资产负债合并表(组织)》怎样填报?

【解答】 本表由乡镇、村、组集体经济组织填写,是集体经济组织和所属全资企业资产负债相关科目合并后的报表。表内勾稽关系同表"京农清明细19"。"账面合并数"="账面数"-"合并抵消数","核实合并数"="核实数"-"合并抵消数"。

见表格"京农清明细20"。

资产负债合并表（组织）

京农清明细 20

xxxx 乡 xxxx 村集体经济组织　　2017 年 12 月 31 日　　单位：元

资产	编号	账面数	核实数	合并抵消数	账面合并数	核实合并数	负债及所有者权益	编号	账面数	核实数	合并抵消数	账面合并数	核实合并数
一、流动资产合计	1	303,300.00	207,170.00	-	303,300.00	207,170.00	一、流动负债合计	37	68,450.00	92,200.00		68,450.00	92,200.00
1. 货币资金	2	32,000.00	32,000.00		32,000.00	32,000.00	1. 短期借款	38	20,000.00	50,000.00		20,000.00	50,000.00
其中：库存现金	3	2,000.00	2,000.00		2,000.00	2,000.00	2. 应付账款	39	5,450.00	5,200.00		5,450.00	5,200.00
2. 短期投资	4	180,000.00	120,000.00		180,000.00	120,000.00	3. 预收账款	40	—	—		—	—
3. 应收账款	5	85,400.00	49,400.00		85,400.00	49,400.00	4. 应付工资	41	22,000.00	22,000.00		22,000.00	22,000.00
4. 预付款项	6	—	—		—	—	5. 应付福利费	42	12,000.00	12,000.00		12,000.00	12,000.00
5. 应收股利	7	—	—		—	—	6. 应交税费	43	—	—		—	—
6. 应收利息	8	—	—		—	—	7. 应付利息	44	—	—		—	—
7. 其他应收款	9	—	—		—	—	8. 应付股利	45	—	—		—	—
8. 存货	10	5,900.00	5,770.00		5,900.00	5,770.00	9. 其他应付款	46	9,000.00	3,000.00		9,000.00	3,000.00
	11	—	—		—	—	10. 递延收益	47	—	—		—	—
二、农业资产合计	12	108,790.00	105,090.00		108,790.00	105,090.00		48	—	—		—	—
1. 牲畜（禽）资产	13	106,100.00	101,300.00		106,100.00	101,300.00	二、长期负债合计	49	250,600.00	250,600.00		250,600.00	250,600.00
其中：产役畜	14	106,100.00	101,300.00		106,100.00	101,300.00	1. 长期借款	50	80,000.00	80,000.00		80,000.00	80,000.00
2. 林木资产	15	2,690.00	3,790.00		2,690.00	3,790.00	2. 长期应付款	51	—	—		—	—
其中：经济林木	16	800.00	300.00		800.00	300.00	3. 一事一议资金	52	600.00	600.00		600.00	600.00
	17	—	—		—	—	4. 专项应付款	53	170,000.00	170,000.00		170,000.00	170,000.00
三、长期资产合计	18	60,000.00	60,000.00		60,000.00	60,000.00	其中：征地补偿费	54	—	—		—	—
1. 长期股权投资	19	60,000.00	60,000.00		60,000.00	60,000.00		55	—	—		—	—

续表

资产	编号	账面数	核实数	合并抵消数	账面合并数	核实合并数	负债及所有者权益	编号	账面数	核实数	合并抵消数	账面合并数	核实合并数
2. 长期债权投资	20	—	—		—	—	三、所有者权益总计	56	651,484.00	257,460.00		651,484.00	257,460.00
	21	—	—		—	—	1. 实收资本	57	81,000.00	78,500.00		81,000.00	78,500.00
四、固定资产合计	22	469,444.00	216,000.00		469,444.00	216,000.00	其中：政府拨款等形成资产转增资本	58	—	—		—	—
其中：经营性固定资产	23	29,444.00	29,444.00		29,444.00	29,444.00	2. 资本公积	59	140,400.00	-125,400.00		140,400.00	-125,400.00
1. 固定资产原值	24	219,500.00	230,500.00		219,500.00	230,500.00	其中：征地补偿费转入	60	—	—		—	—
2. 累计折旧	25	89,500.00	89,500.00		89,500.00	89,500.00	政府拨款等形成资产转入	61	—	—		—	—
3. 固定资产净值	26	130,000.00	141,000.00		130,000.00	141,000.00	3. 盈余公积	62	210,000.00	210,000.00		210,000.00	210,000.00
其中：经营性固定资产净值	27	25,000.00	41,000.00		25,000.00	41,000.00	4. 未分配利润	63	220,084.00	94,360.00		220,084.00	94,360.00
4. 固定资产清理	28	—	—		—	—		64	—	—		—	—
其中：经营性固定资产清理	29	—	—		—	—	负债和所有者权益合计	65	970,534.00	600,260.00		970,534.00	600,260.00
5. 在建工程	30	339,444.00	75,000.00		339,444.00	75,000.00		66	—	—		—	—
其中：经营性在建工程	31	4,444.00	—		4,444.00	—	附报：	67	—	—		—	—
	32	—	—		—	—	1. 经营性资产	68	530,534.00	425,260.00		530,534.00	425,260.00
五、其他资产	33	29,000.00	12,000.00		29,000.00	12,000.00	2. 非经营性资产	69	440,000.00	175,000.00		440,000.00	175,000.00
1. 无形资产	34	29,000.00	12,000.00		29,000.00	12,000.00	3. 待界定资产	70	—	—		—	—
2. 长期待摊费用	35	—	—		—	—	4. 全资子公司所有者权益	71	—	—		—	—
资产总计	36	970,534.00	600,260.00		970,534.00	600,260.00		72	—	—		—	—
备注： 填表人：							清产核资工作小组（签章）：						

115.《资源性资产清查登记总表》怎样填报?

【解答】 本表反映集体资源性资产的清查情况。集体资源性资产清查要与农村集体土地确权登记发证、农村土地承包经营权确权登记颁证、集体林权确权登记颁证、草原确权登记颁证等不动产登记、自然资源确权登记工作相衔接，利用登记成果、森林资源档案等登记入账。如重新实测，要在“备注”栏中填写原因。待界定土地按照农用地、建设用地、未利用地分别填写。林木按照公益林、商品林分别填写。表内勾稽关系：1 =2 +15 +22，2 =3 +5 +7 +9 +11 +12 +14，15 =16 +17 +18 +19 +20 +21，25 =26 +27 +28，29 =30 +31。

见表格“京农清明细 21”。

资源性资产清查登记总表

京农清明细 21

xxxx 乡 xxxx 村集体经济组织 2017 年 12 月 31 日　　单位：亩、立方米

项目	行次	面积	备注
集体土地总面积	1		
（一）农用地	2		
1. 耕地	3		
其中：未承包到户面积	4		
2. 园地	5		
其中：未承包到户面积	6		
3. 林地	7		
其中：未承包到户面积	8		
4. 草地	9		
其中：未承包到户面积	10		
5. 农田水利设施用地（沟渠）	11		
6. 养殖水面（坑塘水面）	12		
其中：未承包到户面积	13		
7. 其他农用地	14		
（二）建设用地	15		
工矿仓储用地	16、		
商服用地	17		
农村宅基地	18		
公共管理与公共服务用地	19		
交通运输和水利设施用地	20		
其他建设用地	21		
（三）未利用地	22		
附报：	23		
（一）“四荒”地	24		
（二）待界定土地	25		
1. 待界定农用地	26		
2. 待界定建设用地	27		
3. 待界定未利用地	28		
（三）林木	29		
1. 公益林（立方米）	30		
2. 商品林（立方米）	31		
相关事项说明：		清产核资工作小组（签章）：	

116.《资产负债汇总表（组织）》怎样填报？

【解答】本表反映的是北京市各区、乡镇（街道）汇总的辖区范围内的乡镇、村、组三级集体经济组织（不含所属全资企业）清查前后资产负债的总体情况。应按照乡镇、村、组三级集体经济组织分别汇总分开上报。表内勾稽关系同表“京农清明细19”。

见表格“京农清汇总01－1”。

资产负债汇总表（组织）
（乡镇级、村级、组级）

京农清汇总 01 – 1

填报单位：________　　2017 年 12 月 31 日　　单位：元

资产	编号	账面数	核增金额	核减金额	核实数	负债及所有者权益	编号	账面数	核增金额	核减金额	核实数
一、流动资产合计	1					一、流动负债合计	37				
1. 货币资金	2					1. 短期借款	38				
其中：库存现金	3					2. 应付账款	39				
2. 短期投资	4					3. 预收账款	40				
3. 应收账款	5					4. 应付工资	41				
4. 预付款项	6					5. 应付福利费	42				
5. 应收股利	7					6. 应交税费	43				
6. 应收利息	8					7. 应付利息	44				
7. 其他应收款	9					8. 应付股利	45				
8. 存货	10					9. 其他应付款	46				
	11					10. 递延收益	47				
二、农业资产合计	12						48				
1. 牲畜（禽）资产	13					二、长期负债合计	49				
其中：产役畜	14					1. 长期借款	50				
2. 林木资产	15					2. 长期应付款	51				
其中：经济林木	16					3. 一事一议资金	52				
	17					4. 专项应付款	53				
三、长期资产合计	18					其中：征地补偿费	54				

续表

资产	编号	账面数	核增金额	核减金额	核实数	负债及所有者权益	编号	账面数	核增金额	核减金额	核实数
1. 长期股权投资	19						55				
2. 长期债权投资	20					三、所有者权益总计	56				
	21					1. 实收资本	57				
四、固定资产合计	22					其中：政府拨款等形成资产转增资本	58				
其中：经营性固定资产	23					2. 资本公积	59				
1. 固定资产原值	24					其中：征地补偿费转入	60				
2. 累计折旧	25					政府拨款等形成资产转入	61				
3. 固定资产净值	26					3. 盈余公积	62				
其中：经营性固定资产净值	27					4. 未分配利润	63				
4. 固定资产清理	28						64				
其中：经营性固定资产清理	29					负债和所有者权益合计	65				
5. 在建工程	30						66				
其中：经营性在建工程	31					附报：	67				
	32					1. 经营性资产	68				
五、其他资产	33					2. 非经营性资产	69				
1. 无形资产	34					3. 待界定资产	70				
2. 长期待摊费用	35					4. 全资子公司所有者权益	71				
资产总计	36						72				

备注：　　　　清产核资工作小组（签章）：

填表人：

117.《资产负债汇总表（全资企业）》怎样填报？

【解答】本表反映的是北京市各区、乡镇（街道）汇总的辖区范围内的乡镇、村、组集体经济组织所属全资企业清查前后资产负债的总体情况。应按照乡镇、村、组三级集体经济组织所属全资企业分别汇总分开上报。表内勾稽关系同表“京农清明细19”。

见表格“京农清汇总01－2”。

资产负债汇总表（全资企业）
（乡镇级、村级、组级）

京农清汇总 01－2

填报单位：________　　2017 年 12 月 31 日　　单位：元

资产	编号	账面数	核增金额	核减金额	核实数	负债及所有者权益	编号	账面数	核实数	合并抵消数	账面合并数	核实合并数
一、流动资产合计	1					一、流动负债合计	37					
1. 货币资金	2					1. 短期借款	38					
其中：库存现金	3					2. 应付账款	39					
2. 短期投资	4					3. 预收账款	40					
3. 应收账款	5					4. 应付工资	41					
4. 预付款项	6					5. 应付福利费	42					
5. 应收股利	7					6. 应交税费	43					
6. 应收利息	8					7. 应付利息	44					
7. 其他应收款	9					8. 应付股利	45					
8. 存货	10					9. 其他应付款	46					
	11					10. 递延收益	47					
二、农业资产合计	12						48					
1. 牲畜（禽）资产	13					二、长期负债合计	49					
其中：产役畜	14					1. 长期借款	50					
2. 林木资产	15					2. 长期应付款	51					
其中：经济林木	16					3. 一事一议资金	52					
	17					4. 专项应付款	53					
三、长期资产合计	18					其中：征地补偿费	54					

续表

资产	编号	账面数	核增金额	核减金额	核实数	负债及所有者权益	编号	账面数	核实数	合并抵消数	账面合并数	核实合并数
1. 长期股权投资	19						55					
2. 长期债权投资	20					三、所有者权益总计	56					
	21					1. 实收资本	57					
四、固定资产合计	22					其中：政府拨款等形成资产转增资本	58					
其中：经营性固定资产	23					2. 资本公积	59					
1. 固定资产原值	24					其中：征地补偿费转入	60					
2. 累计折旧	25					政府拨款等形成资产转入	61					
3. 固定资产净值	26					3. 盈余公积	62					
其中：经营性固定资产净值	27					4. 未分配利润	63					
4. 固定资产清理	28						64					
其中：经营性固定资产清理	29					负债和所有者权益合计	65					
5. 在建工程	30						66					
其中：经营性在建工程	31					附报：	67					
	32					1. 经营性资产	68					
五、其他资产	33					2. 非经营性资产	69					
1. 无形资产	34					3. 待界定资产	70					
2. 长期待摊费用	35					4. 全资子公司所有者权益	71					
资产总计	36						72					
备注： 填表人：						清产核资工作小组（签章）：						

118.《资产负债合并汇总表》（京农清汇总 01－3）怎样填报？

【解答】本表反映的是北京市各区、乡镇（街道）汇总的辖区范围内的乡镇、村、组三级集体经济组织及其所属全资企业清查前后资产负债的总体情况。应按照乡镇、村、组三级集体经济组织及其所属全资企业的合并汇总数分别填报。表内勾稽关系同表“京农清明细 19”。根据京政农函〔2018〕26 号文件中“全资持有的被投资企业，要将其清产核资后生成的资产负债表，与集体经济组织的资产负债表相关科目进行合并，同时集体经济组织与被投资企业之间、集体企业与被投资企业之间的债权和债务项目要相互抵消”的要求，填列本表中“合并抵消数”。“账面合并数”＝“账面数”－“合并抵消数”，“核实合并数”＝“核实数”－“合并抵消数”。

见表格“京农清汇总 01－3”。

资产负债合并汇总表
（乡镇级、村级、组级）

京农清汇总 01－3

填报单位：________　　2017 年 12 月 31 日　　单位：元

资产	编号	账面数	核实数	合并抵消数	账面合并数	核实合并数	负债及所有者权益	编号	账面数	核实数	合并抵消数	账面合并数	核实合并数
一、流动资产合计	1						一、流动负债合计	37					
1. 货币资金	2						1. 短期借款	38					
其中：库存现金	3						2. 应付账款	39					
2. 短期投资	4						3. 预收账款	40					
3. 应收账款	5						4. 应付工资	41					
4. 预付款项	6						5. 应付福利费	42					
5. 应收股利	7						6. 应交税费	43					
6. 应收利息	8						7. 应付利息	44					
7. 其他应收款	9						8. 应付股利	45					
8. 存货	10						9. 其他应付款	46					
	11						10. 递延收益	47					
二、农业资产合计	12							48					
1. 牲畜（禽）资产	13						二、长期负债合计	49					
其中：产役畜	14						1. 长期借款	50					
2. 林木资产	15						2. 长期应付款	51					
其中：经济林木	16						3. 一事一议资金	52					
	17						4. 专项应付款	53					
三、长期资产合计	18						其中：征地补偿费	54					

续表

资产	编号	账面数	核实数	合并抵消数	账面合并数	核实合并数	负债及所有者权益	编号	账面数	核实数	合并抵消数	账面合并数	核实合并数
1. 长期股权投资	19							55					
2. 长期债权投资	20						三、所有者权益总计	56					
	21						1. 实收资本	57					
四、固定资产合计	22						其中：政府拨款等形成资产转增资本	58					
其中：经营性固定资产	23						2. 资本公积	59					
1. 固定资产原值	24						其中：征地补偿费转入	60					
2. 累计折旧	25						政府拨款等形成资产转入	61					
3. 固定资产净值	26						3. 盈余公积	62					
其中：经营性固定资产净值	27						4. 未分配利润	63					
4. 固定资产清理	28							64					
其中：经营性固定资产清理	29						负债和所有者权益合计	65					
5. 在建工程	30							66					
其中：经营性在建工程	31						附报：	67					
	32						1. 经营性资产	68					
五、其他资产	33						2. 非经营性资产	69					
1. 无形资产	34						3. 待界定资产	70					
2. 长期待摊费用	35						4. 全资子公司所有者权益	71					
资产总计	36							72					
备注： 填表人：							清产核资工作小组（签章）：						

119.《资源性资产清查登记汇总表》怎样填报?

【解答】 本表反映的是北京市各区、乡镇（街道）汇总的辖区范围内的乡镇、村、组三级集体经济组织清查前后集体资源性资产的清查情况。应根据乡镇、村、组三级集体经济组织按层级分别汇总上报。表内勾稽关系同“京农清明细21”。

见表格“京农清汇总02”。

资源性资产清查登记汇总表

京农清汇总 02

填报单位________　　　　2017 年 12 月 31 日　　　　单位：亩、立方米

项目	行次	面积	备注
集体土地总面积	1		
（一）农用地	2		
1. 耕地	3		
其中：未承包到户面积	4		
2. 园地	5		
其中：未承包到户面积	6		
3. 林地	7		
其中：未承包到户面积	8		
4. 草地	9		
其中：未承包到户面积	10		
5. 农田水利设施用地（沟渠）	11		
6. 养殖水面（坑塘水面）	12		
其中：未承包到户面积	13		
7. 其他农用地	14		
（二）建设用地	15		
工矿仓储用地	16		
商服用地	17		
宅基地	18		
公共管理与公共服务用地	19		
交通运输和水利设施用地	20		
其他建设用地	21		
（三）未利用地	22		
附报：	23		
（一）“四荒”地	24		
（二）待界定土地	25		
1. 待界定农用地	26		
2. 待界定建设用地	27		
3. 待界定未利用地	28		
（三）林木	29		
1. 公益林（立方米）	30		
2. 商品林（立方米）	31		
相关事项说明： 填表人：		填报单位（公章）：	

120. 北京市的《京农清汇总表》与农业部所需的《农清汇总表》如何衔接?

【解答】 根据北京市相关部门的部署，为确保信息质量，降低清产核资对象报表填报难度和减轻报表填报人员的工作量，北京市农经办将在系统开发时予以充分考虑，充分利用已有填报数据和软件技术，通过软件数据直接转换完成。其中：

（1）农业农村部资产负债汇总表（农清汇总01）的填报

本表是根据农业农村部报表填报要求，反映北京市、各区、乡镇（街道）汇总的辖区范围内的乡镇、村、组三级集体经济组织清查前后资产负债的总体情况。应按照乡镇、村、组三级集体经济组织分别汇总分开上报，由京农清汇总01转换而来。

（2）农业农村部资源性资产清查登记汇总表（农清汇总02）的填报

本表是根据农业农村部报表填报要求，反映北京市、各区、乡镇（街道）汇总的辖区范围内的乡镇、村、组三级集体经济组织清查前后资源性资产的总体情况。应按照乡镇、村、组三级集体经济组织分别汇总分开上报，由京农清汇总02转换而来。

参考文献

1.《农业部 财政部 国土资源部 水利部 国家林业局 教育部 文化部 国家卫生计生委 体育总局关于全面开展农村集体资产清产核资工作的通知》（农经发〔2017〕11号）。

2.《农业农村部办公厅 自然资源部办公厅关于做好农村集体资产清产核资工作的补充通知》（农办经〔2018〕10号）。

3.《财政部关于印发〈村集体经济组织会计制度〉的通知》（财会〔2004〕12号）。

4.《北京市农村工作委员会 北京市农村合作经济经营管理办公室 北京市财政局 北京市规划和国土资源管理委员会 北京市水务局 北京市园林绿化局 北京市教育委员会 北京市文化局 北京市卫生和计划生育委员会 北京市体育局关于全面开展农村集体资产清产核资工作的通知》（京政农函〔2018〕26号）。

5.《关于印发〈北京市农村集体资产清产核资报表（修订版）〉的通知》（京农经〔2018〕46号）。

6.《关于印发〈北京市村合作经济组织会计制度实施细则〉的通知》（农经字〔2010〕13号）。